君たちの日本国憲法

池上　彰

集英社文庫

君たちの日本国憲法

目次

はじめに

戦後の日本では、政治や社会のさまざまな場面で「日本国憲法」が焦点となってきました。いや、焦点というより争点となってきたというほうが実態に近いのでしょう。

とりわけ安倍晋三元首相は、首相就任以来、「憲法改正」に意欲を燃やしてきました。

ただ、憲法のどこを変えるのか、という点では主張が変化してきました。詳しくは本文をお読みいただくとして、現在は「憲法九条に自衛隊の存在を書き込むべきだ」という主張に変わりました。

また、安倍首相の意向を受けて、自民党は二〇一八年三月、憲法のうち四項目に関して改正する条文の素案を発表しています。

主眼は、やはり自衛隊の存在を憲法に書き込むことです。

次に「緊急事態条項」の創設です。大災害が起きて国会が機能しなくなった事態を想定して、内閣に一時的に権限を集中できる条文を創設します。

また、参議院の二つの選挙区を一つにする合区を解消します。

さらに教育環境の整備を国の努力義務にします。

これらの案に関しても、多くの議論があります。「緊急事態条項」を創設すると、内閣が絶対的な権力を持つことが可能になります。かつてナチスのアドルフ・ヒトラーは、緊急事態条項を使って憲法を機能停止にして、権力を掌握したという歴史があります。それを想起させるとして反対する人もいるのです。

合区を解消すると、「一票の格差」が拡大するという指摘もあります。

四つ目の教育に関しては、そもそも憲法に書き込まなくても可能な話です。

こうやって見ますと、憲法九条の改正に関しては、これまで長年にわたって議論してきたことですが、それ以外は、「憲法が改正できるのなら一緒にやりたい」というレベルのものです。いささか生煮えの論点です。

いまの憲法は、誕生のときから政治に翻弄されてきました。日本が戦争で負けてGHQ（連合国軍総司令部）の指示により憲法改正の手続きに入りました。ところが、その内容が、民主的な憲法とはほど遠いことが明らかになり、GHQのダグラス・マッカーサー元帥が激怒。日本には任せておけないと、GHQの部下たちに憲法改正草案を作成させます。

この草案を元にして、日本側は憲法改正案をつくり、国会での審議を経て、現在の日本国憲法が成立しました。

さて、このいきさつを、どう考えるのか。

「押しつけ憲法はおかしい。日本人の手で改正すべきだ」という主張があります。

それに対して、「アメリカ側が示した草案は、日本側によって変えられた部分もある。日本側が慎重に審議し、正規の手続きを経て成立させたのだから、押しつけではない」という反論もあります。

さらに内容に関しては、憲法九条をめぐる議論があります。

「国際情勢とりわけ東アジア情勢が緊迫化する中で、日本の防衛をもっと考えなければならない」という主張がある一方、「日本が再び戦争の道を進むことがないか心配だ」という声もあります。

いま憲法が改正されると、その影響を受けるのは、若者たち。若者たちは、どんな問題意識を持っているのか。二〇一八年四月に桐蔭《とういん》学園の高校生諸君を相手に憲法について授業をしました。それをまとめたものが、この本です。若者たちの思いを汲《く》み取りながら、読んでいただければ幸いです。

二〇二一年一一月

ジャーナリスト　池上　彰

君たちの日本国憲法

第一章

憲法って何？

君たちはどう考えるか？

憲法についてのニュースが増えてきたね。君たちは、憲法について、どれだけのことを知っているかなあ。そこでまず、憲法についてどう思っているか、君たちの意見や感想を聞こう。憲法改正に賛成の人の意見は？

「九条に限らず、現在の実情に合わなくなってきているものは、変えるべきです。自衛隊をいまのよくわからないものにしておくよりは、はっきりと憲法に存在を書くべきです」

「一度変えてしまうと、改正のハードルが低くなる危険性はあるけれど、起こりうる事態に対して先手を打つことが必要だと思います。世界情勢を考えると、戦争に持ち込まれるラインの一歩手前まで防衛レベルを上げておく必要があるのではないでしょうか」

「これほど技術革新が進んだ現代において、七〇年前に制定された憲法に、不都合が生じないはずはありません。テロや北朝鮮（朝鮮民主主義人民共和国）の脅威が迫る中で、戦力を持たない日本は、格好の標的になりえます。最高法規が簡単に変えられると、その威厳が損なわれる心配もありますが、時代に合った柔軟な対応が必要だと思います」

なるほど。では、憲法改正に反対の人の意見は？

「世界に先んじて軍隊を捨てた平和国家を誇りに思うべきです。外圧によって憲法改正を迫られている感があります」

「法律が世の中の変化に伴って改正されているように、憲法もそうあっていいという意見がありますが、時代は変わっても国のポリシーは変えるべきではないと思います。政府の都合に合わせて改憲できるようになれば、国の秩序を維持するのは難しくなります」

「憲法が国民を権力者から守るためのものであるなら、権力者が憲法を変えるということは、その縛りを緩和し、独裁への歩みを進めることになりかねないのではないでしょうか。憲法のおかげで七〇年以上平和が維持できましたが、この間に九条を変えていたなら、いまの平和はなかったかもしれないと思います」

賛成も反対も、よく考えているねえ。それ以外の意見はあるかな？

「二〇一八年のＮＨＫによる一八歳以上への電話調査では、改憲に賛成が二九％、反対が二七％、どちらとも言えないが三九％、わからないと無回答が五％。つまり四四％が意見を持たないか言えないことになる。この原因は無関心だからではないでしょうか。無関心の理由は、憲法についてよく知らないということではないかと感じています。憲法を理解していないと議論になりません。それが問題だと思います」

おお、僕がこれから話そうとしていたことを先取りしてくれたね。そうなんだよね。そもそも憲法の条文を読んだことがある人がどれくらいいるのか、ということだよね。たとえば街頭インタビューで「憲法改正に賛成ですか？　反対ですか？」と聞いたところで、聞かれた人が憲法を読んだことがなければ、意味がないよね。

このところ憲法がニュースになるのは、安倍晋三元首相が憲法を改正すべきだと主張してきたことが大きな理由の一つだろう。

しかし、一方で憲法改正に反対する人たちが大勢いることもまた憲法が話題になる理由になっていると言えるんじゃないかな。

世論調査を見ると、憲法を変えたい人と変えないほうがいいという人は、だいたい国民の半分ずつぐらいなんだ。でもこの世論調査が、たとえば新聞で「憲法を変えたい人が五割」と見出しになっていたとしても、気をつけて内容を吟味しなければいけないよ。こういったニュースに出合ったとき、「ああ、五割の人が変えたいんだ」と思うだけでいいのだろうか。

なかには「九条を変えたい人が五割いるんだ」と思い込んでしまう人がいるかもしれないね。

「憲法を変える」といっても、九条を変えるという答えとは限らない。答えた本人は、別の条文を変えたいと思っているかもしれない。これまでの憲法改正論では、いつも戦争放棄を謳《うた》った九条が話題になるので、憲法改正賛成＝九条改正賛成と早とちりしてしまう人もいるかもしれないよね。

新聞で世論調査の結果が報じられているときは、記事の見出しや本文だけではなく、どんな調査の方法だったのかを確認したほうがいい。新聞などであれば必ず何ページか後に実際の質問の文章と詳細な結果が出ているから、それを読んでみてほしいんだ。どんな質問に対する答えなのか。それを見極めることがとても大切なんだよ。

たとえば「憲法を変えたほうがいいですか。いまのままがいいですか」という質問があったとする。「憲法を変えたほうがいいです」という人が五割いたとしよう。でも憲法を変えたほうがいいといっても、どこをどう変えたほうがいいと回答者が考えているかはわからないよね。たとえば九条を変えて軍隊を持てるようにすべきだという人もいるかもしれないけど、一方で自衛隊も含めて武装組織を絶対持てないようにもっと九条を強化する方向に変えたほうがいいと考えている人も中にはいるかもしれないからなんだ。

さらには、教育の無償化を大学まで拡大することを憲法に書き込むべきだという理由で「憲法改正賛成」と言っている人がいるかもしれないでしょう。あるいは同性婚ができるように憲法に明記すべきだと考えている人もいるかもしれない。

ただ「変えたほうがいい」という人が五割いるという見出しだけで判断してしまうと、見えてこないことがあるんだよね。

新聞社によっては、時には世論調査の質問の文章自体が、その新聞社の主張に沿った答えが出るような内容に誘導しようとしていることがある。以前、僕は新聞のコラムで、ある新聞社が自社に都合のいい答えが出るような質問をしていると厳しく批判したんだ。すると次から、その新聞社の世論調査の質問の内容ががらっと変わり、中立的な言い方の問いに変わった。きっと僕の批判が堪《こた》えたんだろうね。そういうこともあるから、どういう質問がされているのかというところまでぜひ注意してほしい。

自分で判断するために

僕がテレビの番組で憲法について解説したりすると、スタジオの出演者から、「池上さんの考えはどうですか？」と聞かれることがある。これは「池上さんの意見が正しいと思いますから、教えてください。それを私の意見にします」という発想が裏にあると思うんだよね。

でも、それって自分で考えることを放棄していることになるよね。それでいいんだろうか。憲法を改正すべきかどうかをはじめ、自衛隊をどう考えるかはもちろん、さまざまな問題に関して、それらはまさに君たち自身がそれぞれ考えることなんだ。池上がどう考えているのか、池上の言うことに従いましょうというのは、民主主義から最も遠い振舞いで、危険なことなんだよ。

民主主義とは何か。一人ひとりが自立した市民として判断するということが基本的な要件なんだ。だから僕の役割は、君たちがそれぞれ判断するための材料を提供することだ。君たちにとっては歯がゆいことかもしれないけれど、ぜひ自分で判断してほしいと思っています。

そして憲法改正に賛成するにも反対するにも、自分で判断するために、まずは、「そもそも憲法とは何なのか」ということを改めて知っておく必要があるんだ。

立憲主義とは何か

近年よく聞くようになったのが、「立憲主義」という言葉だ。この「立憲主義」とは、主権者、つまり国民が権力者の力を法に基づいて縛るという考え方だ。

かつてヨーロッパでは、王制のもとで国王が絶対的な力を持っていた。それに対して革命が起こり、たとえ王様であっても守るべきルールがあると、国民が権力者にルールを示した。たとえば一七世紀のイギリス。国王の勝手な振舞いに対し、議会が国王の権限を制限しようと「権利の章典」を定めた。これによって国民と議会の権利を明確化して、絶大だった国王の力を縛ったんだよね。

権力は法に基づいて規定されて、法の力によって権力が抑制される。これが立憲主義という考え方だ。民主主義の国家において憲法は、国民がいて、権力者がいて、その権力者に対し「あなたたちには守るべきものがある」といって提示したものなんだ。

だから、憲法を守る義務があるのは権力を持っている人。つまり憲法を守らなければいけないのは、官僚や裁判官をはじめとした公務員であり、国会議員であり、天皇です。それは日本国憲法にも書いてあります。

第九九条　天皇又は摂政及び国務大臣、国会議員、裁判官その他の公務員は、この憲法を尊重し擁護する義務を負ふ。

極端な言い方をすると、「国民は守らなくてもいい」とも言えるんだよね。でも改正を目指す自民党が二〇一二年に示した憲法改正草案では、この九九条は以下のような規定に変更されている。

第一〇二条（憲法尊重擁護義務）
①　全て国民は、この憲法を尊重しなければならない。
②　国会議員、国務大臣、裁判官その他の公務員は、この憲法を擁護する義務を負う。（自民党の日本国憲法改正草案）

国民が権力者を縛るのが憲法であるはずなのに、これでは国民こそが守らなければならないものに変質している。

このため、自民党の憲法改正草案は、権力を持つ者が国民を拘束しようとするためのルール改正だと指摘する意見もあるほどなんだ。

法律に違反して逮捕される人はいるけれど、憲法違反をして逮捕された人がいるなんて話はこれまで聞いたことがないだろう？

でも、自民党の草案のように改正した場合、憲法違反で捕まるなんていう可能性も出てくるかもしれないよね。まあ、これは冗談にとどめておきたいレベルだけど。

この草案では憲法擁護義務の対象から天皇がはずされている。いまの天皇陛下（現上皇陛下）は、折りに触れて「日本国憲法を守り……」とおっしゃっている。そういうことを言ってほしくないんだろうかと勘ぐりたくもなります。

現在の憲法は、国民が権力側の力を縛るために取り決めたものだから、憲法違反が問題になるのは、法律などが憲法と照らしてそこから逸脱した状態になっていないかどうかが問われるときである。それを問われるのは基本的に行政の側です。これも現行憲法では次のように規定されている。

第九八条　この憲法は、国の最高法規であつて、その条規に反する法律、命令、詔勅《しょうちょく》及び国務に関するその他の行為の全部又は一部は、その効力を有しない。

法律などが、憲法に違反している状態にあるかどうかを判断するのが、裁判所だ。これは中学校の社会科の公民の授業で習ったので覚えているはずだよね。大丈夫かな。テレビ番組で、政治の仕組みなどについて「これは中学校の社会科で習いましたよね」と僕が言っても、「さあ」と言って下を向くゲストがけっこういるので、つい不安になってしまうのだけれど。

裁判所には「違憲立法審査権」がある。要するに国会でつくられた法律が、憲法に違反しているかどうかを、最終的には最高裁判所が判断するということです。この規定も憲法に書いてある。

> 第八一条　最高裁判所は、一切の法律、命令、規則又は処分が憲法に適合するかしないかを決定する権限を有する終審裁判所である。

ただ、その裁判所も政治的な問題への判断を保留することがある。たとえば、自衛隊が憲法九条に違反しているのではないかという訴訟が起こされたとき、そういう高度に政治的な判断が求められる問題に関しては、裁判所が判断しないという方針を打ち出した。これが「統治行為論」と言われている考え方だね。裁判所は判断しないで、国会議員にこの問題についての判断を任せてしまう。この姿勢に関しては、裁判所がその役割を放棄しているのではないかという指摘もある。判断が求められ、判断する役割を担っているはずの裁判所がどうして判断しないのか、判断から逃げているのではないかと言いたくなる。

でも、裁判所にしてみると、「自衛隊が憲法違反だという判決を出したら、影響が大きすぎる。そんな事態には責任が持てない。国会で決めてよ」という気持ちなんだろうね。気持ちはわかるけど、それでは憲法に規定された裁判所の役割を果たしているとは言えないのではないだろうか。

憲法と法律の関係は？

立憲主義の憲法というのは、権力者が守るべきもの。私たち国民が守らなければいけないものは、その憲法のもとでつくられた一般的な法律ということになる。私たちが生活する上では、何らかのルールが当然必要だよね。それを決めなくてはいけません。そのルールは、たとえばクラスや学校、町内会レベルのものであれば、みんなで話し合って決めることもできる。しかし一億数千万人もいる国民全体のルールとなると、いちいち集まって決めるというわけにもいかない。そのため、私たちの代表に委任して、ルールを決めてもらおうということになった。憲法に基づいて、権力を持つ人たちを選挙で選ぶことにしたんだ。

第四一条　国会は、国権の最高機関であつて、国の唯一の立法機関である。

第四二条　国会は、衆議院及び参議院の両議院でこれを構成する。

第四三条　両議院は、全国民を代表する選挙された議員でこれを組織する。

②　両議院の議員の定数は、法律でこれを定める。

憲法で定められた選挙によって選ばれた国民の代表が議会（国会）で法律を制定し、その法律をみんなで守りましょうという仕組みになっているんだ。ただ、法律の中には、一般的な法律とは別に基本法というものがある。「教育基本法」や「原子力基本法」、「災害対策基本法」や「消費者基本法」、「障害者基本法」や「環境基本法」など。基本法自体たくさんあるんだ。これがどういう意味を持つかというと、憲法と一般的な法律の間にあるような法律とでも言えばいいかな。

たとえば、義務教育で小学校から誰もが学校に行きます。これはまず憲法で保障されています。

第二六条　すべて国民は、法律の定めるところにより、その能力に応じて、ひとしく教育を受ける権利を有する。

②　すべて国民は、法律の定めるところにより、その保護する子女に普通教育を受けさせる義務を負ふ。義務教育は、これを無償とする。

では、学校でどんなことをするのかというと、「学校教育法」という法律があり、この法律に基づいて、それぞれの学校が設立され、授業が行われている。この学校教育法という法律と憲法の間にあるのが教育基本法です。教育に関して憲法では、義務教育は無償とすると決めてありますから、公立の学校へ行くのにお金はかかりません。しかし憲法には、具体的にどのような教育をすべきかといった細かい内容は定められていない。そこで、その理念を具体的に書いたものが基本法であり、その基本法に基づいて、個別の法律が制定されている。こういう三段階になっているんだ。

たとえば「大気汚染防止法」、あるいは「水質汚濁防止法」のような具体的な法律があります。その具体的に守るべき法律の他に、そもそもどのような環境を守るべきなのかといった理念を定めた環境基本法があるわけです。

最高法規である憲法を権力者が守る。憲法に定められたルールに基づいて私たちが選挙で議員を選び、私たち国民の代表としてその議員が法律をつくる。そのときにある程度の理念を定めた基本法が憲法と法律の間にあることで、時代が変わり、一般的な法律がもし理念から外れていくような状況になってきた場合、理念に基づいて法律を改正していくことになるわけだ。

教科書代は、なぜタダか？

私たちは普段、憲法の存在をあまり意識しないで暮らしています。しかし、実は私たちの日々の暮らしにたいへん密接に関わっているんですね。

たとえば、僕が小学校に入ったのは一九五〇年代です。当時、教科書はお金を出して買わなければいけませんでした。先に触れたように憲法第二六条2項で義務教育は無償としているのに、小学校、中学校の教科書を国民に買わせるというのはいかがなものかという議論が起こりました。その結果、教科書を無償化するという法律ができたんです。それが「義務教育諸学校の教科用図書の無償措置に関する法律」です。

教科書が無償なのはいまでは当たり前かもしれませんが、これも憲法の考え方を大事にしましょうといって決まったことなんだ。

このいきさつについては、文部科学省のホームページに、法律の提案理由として以下のような説明があります。

「教育の目標は、わが国土と民族と文化に対する愛情をつちかい、高い人格と識見を身につけて、国際的にも信頼と敬愛をうけるような国民を育成することにあると思います。

世の親に共通する願いも、意識すると否とにかかわらず、このような教育を通じて、わが子が健全に成長し、祖国の繁栄と人類の福祉に貢献してくれるようになることにあると思うのであります。この親の願いにこたえる最も身近な問題の一つとしてとりあげるところに、義務教育諸学校の教科書を無償とする意義があると信じます。

しかして義務教育諸学校の教科書は学校教育法の定めるところにより主要な教材としてその使用を義務づけられているものであります。（中略）

そこで、このたび政府は、義務教育諸学校の教科書は無償とするとの方針を確立し、これを宣明することによって、日本国憲法第26条に掲げる義務教育無償の理想に向かって具体的に一歩を進めようとするものであります。

このことは、同時に父兄負担の軽減として最も普遍的な効果をもち、しかも児童生徒が将来の日本をになう国民的自覚を深めることにも、大いに役立つものであると信じます。又このことはわが国の教育史上、画期的なものであって、まさに後世に誇り得る教育施策の一つであると断言してはばかりません」

随分と古風で格式ばっているけれど、「憲法の規定をようやく守れるようになりました」という誇りが滲《にじ》み出ているでしょう。

憲法の条文は暮らしに関係する

また、私がとても好きな条文があります。これも私たちの生活と密接につながっています。

第二三条　学問の自由は、これを保障する。

語呂がとてもいいでしょ。なぜなら五七五だからなんだ。ここで保障されているように学問の自由があるからこそ、私たちは、どんな勉強をしても構わないし、義務教育を終えても、高校や大学、専門学校に進むことができ、さまざまな教育機関で学問を研究することができるのです。いまでは当然と思われているかもしれませんが、戦前は自由に学ぶことができない状況がありました。研究内容によっては、取り締まりの対象になり、特高《とっこう》（特別高等警察）と呼ばれる組織に逮捕され、思想弾圧を受けたのです。その反省に基づいて、憲法に「学問の自由」が謳われ、権力にそれを守らせようとしているのです。

あるいは年金制度です。日本には、私たちがいずれ年を取ると、国から年金がもらえる制度があります。制度がいつか破綻してしまい、年金をもらえないのではないかと心配している人もいるかもしれませんが、国は年金制度を継続するための具体的な運営方法を法律で決めています。なぜなら、この年金制度にも、憲法の考え方が大きく関わっているからです。

第二五条　すべて国民は、健康で文化的な最低限度の生活を営む権利を有する。
②国は、すべての生活部面について、社会福祉、社会保障及び公衆衛生の向上及び増進に努めなければならない。

私たちは、最低限度の健康で文化的な生活を送る権利があり、国はその権利を国民に保障しなければいけないのです。この憲法第二五条に規定されている考えから社会保障制度が整備され、年金制度や、病気になって医者にかかるとき、医療費をすべて本人が負担しなくてもいいような医療保険制度ができたわけです。

さらに障害のある人には障害年金があったり、働けなくなってしまった人やさまざまな理由で生活に困窮した人には、生活保護という仕組みがあったりします。一人の人間としてその尊厳を失うことのないぎりぎり最低限の生活が保障される制度が、憲法で規定されていることで、法律によって整えられているのです。

ただし、この「健康で文化的な最低限度の生活」の状況も、時代によって変わっています。かつて、まだ多くの人たちの家にエアコンがない頃には、生活保護を受給する人には、エアコンはぜいたくだと言われ、認められませんでした。ところが多くの人の家にエアコンが設置され、みんながエアコンを持つのが当たり前のようになってからは、生活保護を受ける人の家にも設置が認められるようになりました。

以前はテレビもぜいたく品だと言われて認められていなかったのですが、いまでは認められています。最近問題になっているのは自動車です。自動車は誰もが持っているというわけではありません。だから生活保護を受けている人が自動車を持つことは基本的にはできません。しかし、自動車がないと日常生活が困難な人もいますから、事情があれば認められるということになってきています。こうして一般の国民の生活レベルが上がることによって、「健康で文化的な最低限度の生活」の水準も変化してきているんですね。

働く上で知っておかなければいけない憲法と法律

憲法に定められていることで、私たち国民が働く上で大いに関係があるのが以下の条文です。

第二七条　すべて国民は、勤労の権利を有し、義務を負ふ。
②　賃金、就業時間、休息その他の勤労条件に関する基準は、法律でこれを定める。
③　児童は、これを酷使してはならない。

この二七条の1項については後で触れますが、2項と3項に関わるのが「労働基準法」です。その第三二条で週四〇時間、一日八時間を超えて働いてはならないと決められています。それ以上働かせる場合は、第三六条です。働いている人の代表と経営者が話し合いをして取り決めを結ぶことで、週四〇時間の労働時間を超えて残業させることができる例外規定があります。これを三六条からとって「三六《さぶろく》協定」と呼んでいます。原則は、そもそも残業してもさせてもいけないのです。残業が当たり前と思っている人もいるかもしれないけれど、本来は例外なんだ。君たちも、いずれ社会に出て働くことになるでしょう。労働者として、働く者として、きちんと知っておかなければいけないことです。

労働基準法には、第六章で「年少者」についての規定もあります。ここで一八歳未満の子どもたちを働かせる上での規則が定められています。

第五六条　使用者は、児童が満一五歳に達した日以後の最初の三月三一日が終了するまで、これを使用してはならない。

②　前項の規定にかかわらず、別表第一第一号から第五号までに掲げる事業以外の事業に係る職業で、児童の健康及び福祉に有害でなく、かつ、その労働が軽易なものについては、行政官庁の許可を受けて、満一三歳以上の児童をその者の修学時間外に使用することができる。映画の製作又は演劇の事業については、満一三歳に満たない児童についても、同様とする。

最初の表現はわかりにくいですが、要するに満一五歳に達した年度が終わるまでは働かせてはいけない、という規定です。

でも、これでは映画やテレビで子役を使うことができなくなります。そこで、2の項目が続くのです。では、その子役は何時までなら働けるのか。これも定められています。

第六一条　使用者は、満一八歳に満たない者を午後一〇時から午前五時までの間において使用してはならない。ただし、交替制によつて使用する満一六歳以上の男性については、この限りでない。

② 厚生労働大臣は、必要であると認める場合においては、前項の時刻を、地域又は期間を限つて、午後一一時及び午前六時とすることができる。

③ 交替制によつて労働させる事業については、行政官庁の許可を受けて、第一項の規定にかかわらず午後一〇時三〇分まで労働させ、又は前項の規定にかかわらず午前五時三〇分から労働させることができる。

（中略）

⑤ 第一項及び第二項の時刻は、第五六条第二項の規定によつて使用する児童については、第一項の時刻は、午後八時及び午前五時とし、第二項の時刻は、午後九時及び午前六時とする。

こうした規定があるので、テレビや映画の制作現場では、一三歳に満たない子どもに関しては、午後八時を過ぎて働かせることはできませんし、それ以上の年齢でも一八歳未満は午後一〇時を過ぎて働かせることはできないのです。僕が出演するテレビの番組でも、小学生が出演している場合は、午後八時には必ず番組の収録を終わらせるか、あるいは該当する子どもだけスタジオから出てもらうことになります。

憲法の規定があるから、子どもたちの労働条件が法律で守られているのです。

もう一つ、一人では弱い立場の労働者のために憲法では労働者が団結することを認めています。

第二八条　勤労者の団結する権利及び団体交渉その他の団体行動をする権利は、
　これを保障する。

勤労者、つまり労働者が組合をつくって、会社と交渉する権利が保障されているということです。この二八条と関わる法律として「労働組合法」があります。「賃金を上げろ」、「もっと休みを増やせ」など、さまざまな労働条件について経営者側と交渉することは憲法で認められているのです。

「その他の団体行動をする権利」の中には、たとえばストライキ権というのも含まれています。労働者側の要求が認められない場合、職務を放棄する、つまり働かないことがストライキです。労働者がストライキをした場合、働いていないわけですから、給料は出ません。労働者側も給料をカットされるという身を切るかたちになりますが、みんなが働かなければ、経営者は利益を得ることもできませんから困ります。労働者は自身の要求について経営者と交渉し、さらには交渉をするための団体をつくり、いざとなればその要求を認めさせるためのストライキをする権利が憲法で保障されているのです。

ただし、公務員については、ストライキ権は認められていません。公務員は国民全体の奉仕者だから、という考え方です。でも、それでは公務員の給料はいつまでも変わらないのか、という疑問が出るでしょう。そこで、公務員の給料は、民間の給料の動向を見て、それに準じて金額を決めるという仕組みがあります。

憲法が定める三つの義務の意味は？

「憲法にはよく国民の権利ばかり書いてある。義務が書いてない。けしからん」といったようなことを言う人がいる。そういう人は立憲主義を理解していないということです。私たち国民には権利がある。その権利を権力者はきちんと守りなさいと決めたものが立憲主義における憲法なのだから、国民の権利がたくさん書いてあるのは当たり前のことなのです。

それでも、私たちにも守るべき義務があります。三大義務と呼ばれるものです。さて、何だっただろう。覚えていますか？　小学校の社会科で習ったはずですが。大丈夫だよね。目が泳いでいないかな？

まず、先に触れた憲法第二六条2項にある「教育を受けさせる義務」だね。

わりと多くの人が勘違いしていて、義務教育とは、「子どもには学校へ行く義務がある」ということだと思っている。そうではないよね。「学校へ行きなさい。義務教育なんだから」と言う親がいるけど、これは違う。子どもには、二六条1項にあるように「教育を受ける権利」がある。義務を負っているのは保護者です。保護者は、その保護下にある子どもに教育を受けさせる義務があるわけです。

あと二つの義務のうち一つが先に触れた憲法第二七条1項で触れられている「勤労の義務」です。

そして、もう一つは、「納税の義務」です。これは憲法第三〇条です。

第三〇条　国民は、法律の定めるところにより、納税の義務を負ふ。

なぜこの三つだけを国民の義務としたのか。これらには大きな意味があって、この三つがなくなってしまうと国家を維持することができなくなってしまうからなんだ。

まず、教育があります。国は子どもが教育を受けられるような環境をつくります。保護者は義務として子どもに教育を受けさせる。子どもは大人になったとき、その教育を元にして、社会に出て働けるようになります。

実際に働くようになったら、その働きに応じた給料をもらう。給料がもらえたら、そこから国に税金を納めてもらい、国はそのお金で国の制度を維持することが可能になり、子どもに教育を受けてもらうための環境も継続できます。その結果、また次の世代の子どもに教育を受けさせることができるわけです。

こうしてぐるぐると循環させていくことで、国家が存続できるようになります。要は国家を維持するために、君たちも義務を果たして協力してくださいということなのです。国家を維持できなければ、国民に文化的な生活を保障するなんてこともできなくなるでしょう。だからこの三大義務については、国民もそれぞれ協力してくださいと、憲法で決められているわけです。

「裏口入学」で憲法改正!?

憲法改正を目指すと主張していた安倍首相（当時）は、第二次安倍政権ができた当初、憲法九六条を変えるべきだと言っていました。この九六条は、憲法を改正する条件について定めたものです。

> 第九六条　この憲法の改正は、各議院の総議員の三分の二以上の賛成で、国会が、これを発議し、国民に提案してその承認を経なければならない。この承認には、特別の国民投票又は国会の定める選挙の際行はれる投票において、その過半数の賛成を必要とする。

② 憲法改正について前項の承認を経たときは、天皇は、国民の名で、この憲法と一体を成すものとして、直ちにこれを公布する。

衆議院と参議院のそれぞれで三分の二以上の賛成を得て憲法改正を発議し、国民投票で過半数の賛成が得られると憲法改正が成立します。ずっと憲法を変えたいと考えてきた安倍首相ですが、衆議院と参議院の両方で三分の二の憲法改正勢力を確保するのがたいへん難しかったので、この九六条で規定されている条件を変えようと考えました。三分の一の反対で改正できないのはおかしい、両議院とも過半数の賛成でいいではないかと。衆議院と参議院の過半数で賛成を得られれば、憲法改正の発議をして、後は国民投票で決める。最終的には国民が決めるわけだから、発議の要件を変更しようと考えました。それで安倍首相は、「九六条を変えるべきだ」と主張したわけです。

しかし、それを激しく批判した法学者たちがいました。中でも際だっていたのが慶應義塾大学の小林節《こばやしせつ》教授（当時）。小林教授はその当時は、憲法九条を変えて、軍隊を持てるようにすべきだと主張する憲法改正論者でした。つまり安倍首相にしてみると、自分を応援してくれると思っていた人に批判されたわけです。小林教授は、九六条を変えて、憲法改正の発議をしやすくすることで、九条を変えようとしているんだろうと喝破しました。小林教授は「憲法九条を変えたければ、堂々と国民に信を問えばいいのであって、憲法を変えやすくする九六条改正は『裏口入学』のようなものだ。憲法の破壊だ」と批判しました。

憲法に則《のっと》って憲法九条を変えようと国民に呼びかけるのが、正規の入学試験を受けることであるならば、九六条の改正は、いわば入試の合格ラインを下げようとするものだろう、という批判だったのですね。

安倍首相にはこの批判が堪えたようで、その後、九六条改正を主張しなくなりました。

「忖度《そんたく》」を生み出す政治

では、安倍首相は、次に何をしたのか。憲法九条や個別的自衛権、集団的自衛権については、別の章で改めて細かく触れますが、ここでは最近の憲法とその改正をめぐる議論の流れを追っていきましょう。そこから憲法と三権分立の関係も見えてくるはずです。

安倍首相が次に何をしたかというと、集団的自衛権を認め、いまの九条のもとでも集団的自衛権を行使することが可能だと、憲法の解釈を変える方法を採ったのです。解釈を変えることで、事実上憲法を改正したのと同じような効果を生み出す。これが「解釈改憲」と言われるものです。

ここで出てくるのが内閣法制局です。内閣法制局とは、「法の番人」といった呼ばれ方もする行政機関です。どういう仕事をしているかというと、内閣、要は行政がつくろうとする法律が憲法に違反していないかどうか、あるいは既に存在している法律と矛盾していないかをチェックしています。「番人」と呼ばれる所以《ゆえん》ですね。

ちなみに衆議院にも参議院にもそれぞれ法制局があります。国会議員も新しい法律を提案することが当然できます。これを「議員立法」と言います。議員は必ずしも法律の専門家ではありません。ですから議員は、「こういう法律をつくりたい」と法制局にアドバイスを求め、衆議院と参議院の法制局は議員が法案をつくる手助けをしているのです。

これまでの内閣法制局による九条の解釈は、「個別的自衛権は認められているけれど、集団的自衛権は行使することはできない」というものでした。

ところが安倍首相は、内閣法制局の長官を差し替えるという手段に出ました。それまで内閣法制局の長官は、内閣法制局の次長から選ばれていました。つまり従来の長官は、役所の中の内部昇格だったのです。しかしこのとき、安倍首相は、「集団的自衛権を認めるべきだ」と主張していたフランス大使だった外務省の役人を内閣法制局長官に任命しました。こうして組織のトップである長官を差し替えることで、内閣法制局に従来の憲法解釈から変更して「集団的自衛権も憲法違反ではない」と認めさせたのです。

これが最近の政治の話題にもつながってきます。安倍首相は、役人たちが自分の言うことを聞かない場合は、自分の言うことを聞く役人に差し替えてしまう。もちろん任命権のある総理大臣であればできることですから、これ自体は問題ではありません。総理大臣というのは、当たり前ですが、たいへん強い力を持っているのです。

つまり、歴代の総理大臣も実行しようと思えばできた人事ですが、権力を抑制的に行使するという考え方をこれまでの首相は持っていました。その結果、役所の人事異動は、概《おおむ》ねそれぞれの役所の中で決められていました。

しかし安倍首相は、「できるのだからやろう」と、自分にとって都合のいいかたちで、内閣法制局の長官を替えてしまったのです。さらに安倍首相は、内閣人事局という部局を整備して、官僚の人事権を掌握しました。各省庁のトップはそれぞれの大臣が務めますが、省庁の実際の業務をする公務員のトップは事務次官です。よく「事務方のトップ」と報道などで呼ばれる人です。この事務次官の人事権を内閣人事局が握っています。

これまでは、たとえば各省庁の中に局長という役職の人が何人かいて、次に誰が局長の上の事務次官になるかということはだいたいわかっていました。それが突然、内閣人事局、つまり安倍首相を中心にした内閣の意向で事務次官や局長を決められてしまう。そうすると、役所の中はこれまでの人事異動は通用しなくなりますから、人事を掌握している内閣の意向を過度に気にするようになってしまいました。それがよく問題になっている「官僚の忖度」を生む構造に結びついているのです。

「主権者」である国民がどう考えるか

しかし一方、ここで重要な問題があります。これまでのように官僚たちに官僚自身の人事異動を任せておいていいのかということです。憲法には公務員について、こう定められています。

第一五条　公務員を選定し、及びこれを罷免することは、国民固有の権利である。
② すべて公務員は、全体の奉仕者であつて、一部の奉仕者ではない。
③ 公務員の選挙については、成年者による普通選挙を保障する。
④ すべて選挙における投票の秘密は、これを侵してはならない。選挙人は、その選択に関し公的にも私的にも責任を問はれない。

1項には、「公務員を選び、辞めさせることは、国民固有の権利である」とあります。ですが官僚たちは、国家試験に受かって役所に入っている人たちであって、私たちが選んだわけではありません。その私たちが選んだわけではない官僚たちが、行政のいろいろな仕事をしているわけです。私たちの普段の生活は、行政の仕事に大きな影響を受けています。ですから本来であれば、選挙によって国民に選ばれた政治家がコントロールするのは当たり前と言えば当たり前のことなのです。内閣の職務を定めた憲法七三条には、以下のようにあります。

第七三条　内閣は、他の一般行政事務の外、左の事務を行ふ。
一　法律を誠実に執行し、国務を総理すること。
二　外交関係を処理すること。
三　条約を締結すること。但し、事前に、時宜によつては事後に、国会の承認を経ることを必要とする。
四　法律の定める基準に従ひ、官吏に関する事務を掌理すること。
五　予算を作成して国会に提出すること。
六　この憲法及び法律の規定を実施するために、政令を制定すること。但し、政令には、特にその法律の委任がある場合を除いては、罰則を設けることができない。
七　大赦、特赦、減刑、刑の執行の免除及び復権を決定すること。

この四号にある「官吏」とは役人、つまり公務員のことで、「掌理」は、とりまとめること。だから「法律に従って、役人の仕事をとりまとめること」が、内閣の仕事の一つであるのです。この「法律の定める基準」が、「国家公務員法」に定められています。つまり、安倍首相が公務員である官僚の人事を掌握することは特別に悪いことではなく、当然のことであるのです。

ですがその一方で、官僚たちの人事が公正でなくなった。あるいは政治の介入を受けたという思いが、官僚側にもある。国民に選ばれた政治家が官僚をコントロールするというのは本来あるべき姿であり、安倍首相は、それを実施したとも言える。しかしそこには、安倍首相の言うことを聞く役人を要職に持ってきたのではないかという疑いがある。そういうかたちで役人の人事に政治が介入したのではないか。果たしてそういうことをしていいのかという問題が起こっているのです。これは、安倍首相の後継者の菅義《すがよし》偉《ひで》前首相もしてきました。

これは本当に重要な問題で、君たちに考えてもらいたいのです。そのためにも憲法の前文を引きましょう。

> （前略）ここに主権が国民に存することを宣言し、この憲法を確定する。そもそも国政は、国民の厳粛な信託によるものであつて、その権威は国民に由

来し、その権力は国民の代表者がこれを行使し、その福利は国民がこれを享受する。これは人類普遍の原理であり、この憲法は、かかる原理に基くものである。われらは、これに反する一切の憲法、法令及び詔勅を排除する。（後略）

どうあるべきかは、「主権者」である君たちが、それぞれ考えてほしいのです。

憲法に埋め込まれている三権分立

主権は国民にあり、その国民が選挙で代表者である議員を選び、その議員たちが議会で議論をして、議員の中から内閣総理大臣を選ぶ。総理大臣は、国務大臣を任命する。総理大臣と国務大臣で組織されるのが内閣で、内閣は行政、つまり国家公務員のトップです。そして、この行政のもとに官僚たちが存在しています。この官僚たちがいろいろなことを決めて行政を動かし、私たちの生活に影響を与えているのです。

しかし、私たちは官僚を選んでいるわけではありません。では、どうするか。選挙で選んだ国会議員を通じて官僚をコントロールするという、間接的な仕組みになっています。これが議会（立法）、内閣（行政）の関係です。

そして裁判所（司法）は、先に触れたように、憲法八一条に基づいて、法律などが憲法に違反していないかどうか審査する権限（違憲立法審査権）を持っています。ただ、裁判所の裁判官も私たちが直接選ぶことはできません。しかし裁判官によって私たちは裁かれる場合があります。ここでは国民の意思をどう反映させているのでしょうか。

まず、最高裁判所の裁判官の国民審査というシステムがあります。これは憲法第七九条で規定されています。

第七九条　最高裁判所は、その長たる裁判官及び法律の定める員数のその他の裁判官でこれを構成し、その長たる裁判官以外の裁判官は、内閣でこれを任命する。

②　最高裁判所の裁判官の任命は、その任命後初めて行はれる衆議院議員総選挙の際国民の審査に付し、その後十年を経過した後初めて行はれる衆議院議員総選挙の際更に審査に付し、その後も同様とする。

③　前項の場合において、投票者の多数が裁判官の罷免を可とするときは、その裁判官は、罷免される。

④　審査に関する事項は、法律でこれを定める。

⑤　最高裁判所の裁判官は、法律の定める年齢に達した時に退官する。

⑥　最高裁判所の裁判官は、すべて定期に相当額の報酬を受ける。この報酬は、在任中、これを減額することができない。

この2項にあるとおり、この審査は単独では行われません。最高裁判所の裁判官になって最初の衆議院議員選挙のとき、そしてその後一〇年経《た》った際に国民審査を受けるというものです。七九条の3項にあるように、もしその審査の投票で辞めさせるべきという投票が多数の場合、その裁判官は辞めさせられることになります。ただし、これまで二五回行われましたが、一度も罷免されたことはありません。

最高裁判所の裁判官は、この七九条の1項にあるように、内閣、つまり行政が選んで任命しています。それが正しいかどうかを、この国民審査による最高裁判所の裁判官のチェックで行っているわけです。それ以外の高等裁判所や地方裁判所の裁判官の人事は最高裁判所が握っています。厳密に言うと、最高裁判所が指名して、これを内閣が任命することに憲法第八〇条で決まっています。

第八〇条　下級裁判所の裁判官は、最高裁判所の指名した者の名簿によつて、内閣でこれを任命する。その裁判官は、任期を十年とし、再任されることができる。但し、法律の定める年齢に達した時には退官する。

②　下級裁判所の裁判官は、すべて定期に相当額の報酬を受ける。この報酬は、在任中、これを減額することができない。

ここでも、国民が選挙で選んだ議員の中から議会で内閣総理大臣を選び、その総理大臣が選んだ内閣が、最高裁判所が人選した下級裁判所の裁判官を任命する。そしてその最高裁判所の裁判官は内閣が選び、審査は国民がする。複雑ですが互いにチェックし合っているわけです。ただ、裁判官の中に社会の常識から遠いような人がいることもあるかもしれない。実際に社会通念と比べるとあまりに変な判決が出ることもある。ものすごく国民の常識から離れた判決もあるわけです。それならば、もう少し私たちの声を反映させようといって、地方裁判所レベルだけれども、裁判員制度を導入して、国民が裁判に関わる仕組みもまた新たにつくられたということです。

なお、最高裁判所は、長官が一人、裁判官が一四人、合計一五人で構成されています。七九条の1項には「長たる裁判官以外の裁判官は、内閣でこれを任命する」とありますが、それでは「長たる裁判官」である長官はどういう決められ方をしているのでしょうか。これは六条2項に規定されています。

第六条　天皇は、国会の指名に基いて、内閣総理大臣を任命する。

② 天皇は、内閣の指名に基いて、最高裁判所の長たる裁判官を任命する。

この六条にも、国民が選挙で選んだ議員の中から議会で内閣総理大臣を選び、その総理大臣が選んだ内閣が、最高裁判所の長官を選ぶというかたちが示されています。これらは、いわゆる三権分立という考え方に基づいてかたちづくられています。それぞれの権力を分散して、チェックし合うという民主主義の大切なルールです。こうして見てみると、三権分立の考え方が憲法にはしっかりと埋め込まれていることがわかってくるのではないでしょうか。

なぜ公文書を残すことが大切か

さきほどの、内閣法制局が憲法の集団的自衛権を容認することになった経緯でもう一つ大きな問題があります。内閣法制局の中でどのような議論があったのかという議事録＝公文書を残していなかったのです。内閣法制局が突然これまでの態度を変えて集団的自衛権を容認するに至った過程がどういうものだったのか。それがいまとなっては検証できないわけです。

このような公文書の管理の問題はずっと続いています。森友学園への国有地払い下げ問題、加計《かけ》学園の獣医学部新設に関わる問題、自衛隊の海外派遣時の日報問題と、公文書の管理にまつわる問題がとても多くなっています。これが「どうしてこんなに大きなニュースになるんだ」と思っている人がいるかもしれません。しかし、これは民主主義の根幹に関わってくる問題なのです。つまり、公務員が何かをした。どんなことをしたのか。果たしてそれは法律に基づいているのかどうなのか。そういったことを後からいつでも私たちが検証できるように、公文書を残しておく仕組みになっていなくてはならないからです。

たとえば、自衛隊が南スーダンに派遣された。あるいはイラクに派遣された。そのとき自衛隊がどんな活動をして、周辺でどのような戦闘行為があったのか。自衛隊員はどういう活動をしていたのか。全員無事に帰ってきたけれど、本当は命の危険があったのではないか。記録をきちんと残してこそ、後で検証できるわけです。さらに、これからも自衛隊はどこか危険な場所にＰＫＯ（国連平和維持活動）で出ていくかもしれません。その際、過去に南スーダンやイラクに派遣されたとき、自衛隊はどんな状況に置かれ、その状況に対して、どう対応していたのか。以前の記録をもとに検証するということが大事になってくるのです。それが「既に破棄されています」、「記録がありません」、「どこかへ行ってしまいました」、あるいは都合が悪いところが改ざんされていたということになると教訓として活《い》かされません。民主主義の根幹に関わることになります。

なぜ民主主義の根幹に関わるのか。それは、さまざまな情報を知ること、またその上で、政治に参加することが国民の権利でもあるからです。だからこそ、公文書の管理が国会で大きな問題になっているのです。

公文書を残すことには、もう一つ大切な理由があります。政治家、あるいは官僚たちに、自分のすることへの歴史的な責任を自覚させる意義があるのです。

公文書でも国家機密に関することで、しばらくはオープンにできない情報もあるでしょう。しかし、そういう情報もいずれは公開されます。すると、かつて何が起こっていたのかがわかります。もしかすると、特定のある人によるとんでもない判断がいまのある事態を引き起こしたという場合もあるかもしれません。それは記録が残っていればこそ検証できるわけです。

その判断をした人が、たとえ政治家を辞めたり、官僚を辞めていたり、あるいは亡くなっていたりしたとしても、記録が残っていれば、歴史にその名前が残ることになる。自分の名前が悪いかたちで歴史に刻まれるなんて、多くの人にとっては嫌なことで、そんな行いは避けるでしょう。

そういう歴史的な責任を感じる意識があれば、どう判断し、振舞うかを考えて行動する動機が生まれることになるはずだよね。目先の出世のことを考えて、忖度して何かをしたところで、それが後になってわかるとなれば、それは人間として恥ずかしい。だから公文書を保存することが、行政に関わる人たちの判断を鈍らせることへの歯止めになり得るのです。

公文書の改ざんや廃棄が問題になっていますが、「情報公開法」や「公文書管理法」という法律が既にあります。行政は請求に対して公開の義務があり、公文書の管理の仕方も法律で決められています。けれど改めて公文書の管理を徹底する必要があります。保管の期限や公開までの期間などをさらに改良することで、行政に関わる人たちが歴史的責任をいま以上に強く感じて取り組むようになれば、その仕事の質はおのずと高まるのではないでしょうか。

民主主義を支える「表現の自由」

情報公開法や公文書管理法は、「知る権利」と関わっています。日本の憲法では、「表現の自由」について以下のように定められています。

第二一条　集会、結社及び言論、出版その他一切の表現の自由は、これを保障する。

②　検閲は、これをしてはならない。通信の秘密は、これを侵してはならない。

「知る権利」は、「表現の自由」があるからこそ成立すると考えられています。いろいろな情報が自由に表現されて、そこに公権力が介入しないからこそ、人はそのいろいろな情報を得て、さまざまなことを判断できると考えられているわけです。

しかしいま、メディアは大きな権力を持っているわりに、その責任を負っていないのではないかといった意見もあります。フェイクニュースなどといって、真偽が定かではないような情報も大量にメディアで紹介されるようになっています。それに対する責任は誰が持ち、それを誰がチェックするのでしょうか。メディアにはそういった組織や仕組みがないという批判があるのです。

テレビであればBPO（放送倫理・番組向上機構）という組織があり、一定の成果を挙げているとも言えるのですが、新聞や出版に関しては、そういった組織はありません。だから無責任な報道があるのではないかという思いを持っている人もいるかもしれません。そういう思いからか、既存の新聞やテレビなどのメディアがインターネットで批判されるようにもなっています。

ただし、インターネットにもひどい情報がたくさんあり、その内容を新聞社がチェックする動きも出ています。相互にファクトチェックをすることで、情報の精度を高めていくしかありません。

ただ最終的にそれを審判するのは国民それぞれの役割です。誰かに任せきることはできません。「表現の自由」には「表現の自由」をもって対抗する。なぜなら、他者を傷つけたりする自由はありませんが、「表現の自由」を制限することは、その人の自由を奪うことになるからです。そして「表現の自由」が奪われれば、もの言えぬ雰囲気がもたらされ、社会が萎縮してしまいます。

メディアは、資本主義のシステムの中では、売り上げ、あるいは利益という指標で評価されるしかない部分もあります。これまでも随分たくさんの雑誌や出版社がなくなりました。いまも経営的に苦しい新聞社や放送局があります。メディアは信頼を得ることで、経営的な基盤を成立させる努力をしていくしか、現時点では方法がないわけです。情報の重要性をはじめ、言論や報道の多様性が保障されてこそ民主主義が成り立つことを国民に訴える必要が、今後益々《ますます》増していくことでしょう。

自由と権利を守るためには

こうして見てくると、憲法は私たちの生活にさまざまな面で関わっていることがわかります。だからこそ、メディアの問題で触れたように、「自由を認めてそれを維持するには、人任せではいけませんよ」といった考えが憲法の中に示されているのです。

第一二条　この憲法が国民に保障する自由及び権利は、国民の不断の努力によつて、これを保持しなければならない。又、国民は、これを濫用してはならないのであつて、常に公共の福祉のためにこれを利用する責任を負ふ。

この一二条では、以下のようなことが決められています。

憲法で保障されている自由と権利は、国民の絶えざる努力で保っていかないといけません。そして、自分の自由や権利をむやみに使ってはいけません。それぞれがそれぞれに認められている自由や権利を主張しすぎると、互いにぶつかって争いが生じる場合もあるので、社会全体のためにその自由や権利を使う責任があります。

国会はじめいまの政治状況を見ていると、歯がゆかったり、ふがいなかったりと思う人もいるかもしれません。しかし、そう思わない人もいるかもしれません。君たちは、どうですか。

歯がゆかったり、ふがいなかったりするのは与党なのか、それとも野党なのか。はたまた内閣をはじめとした行政なのか。政治そのものか。どういうことを考えましたか。

この世の中には、さまざまな考え方を持つ人が集まって暮らしています。それぞれの違う意見を言い合うだけでは、社会は成り立ちません。ですから政治には、多様な意見を調整してよりよい社会にしていくことが求められているのです。自分たちの自由や権利を保持するためにも、そういった政治状況を私たちがもっと要求していく必要があるとも言えるのです。

結果的にいまの政権を選んでいるのは、私たちです。選挙で議員を選んでいるわけですから、私たちにも責任があります。おっと、君たちがまだ選挙権を持っていないのであれば、責任はありませんよ。でも、これから先、選挙権を持てば責任が生じます。

「選挙に行かないから関係ないよ」なんて、思っていませんか？ 選挙に行かないということは、「いまのままでもいいよ」ということを意味します。であれば、選挙で棄権しても責任はあるのです。

そこで考えなくてはいけないのは、民主主義というのは、極めて欠陥の多い政治制度だということです。それぞれの主張がぶつかる中で妥協に妥協を重ね、少しでも多くの人たちが納得できるよう調整しながら社会を運営していく仕組みが民主主義だからです。

イギリスの元首相であるウィンストン・チャーチルの有名な言葉があります。

「民主主義というのは最悪の政治制度と言える。ただし、これまでに試みられてきたあらゆる制度を別にすれば」

なんとも皮肉な言い方ですね。民主主義は理想の仕組みではないけれど、他がもっとひどいから、相対的に見ると民主主義でいくしかない。みんなが納得できる仕組みなんてものはあり得ないのです。

民主主義における選挙制度とは、どういうものか。とりあえず選んだ人や党に絶対的権力を与えるわけです。期間限定の独裁政治を認めるシステムとも言えるわけです。

しかし、自分の投票した人が当選したり、投票した政党が政権を取ったりしたとしても、その仕事ぶりを見ていて駄目だと思ったら、引っくり返すことができるのも民主主義なのです。次の選挙でその人や党に投票しなければいいわけですから。

たとえば、アメリカの大統領は絶大な力を持っています。ドナルド・トランプという候補者が何かしてくれるのではないかと多くのアメリカ国民が期待して、彼を大統領に選びました。しかし、選んでみて、もし期待違いであれば、次の選挙で替えてしまえばいい。それが可能なのが、民主主義の国ということです。

けれど独裁政権では、いくらとんでもないことをしている人間が国のトップにいても途中で引きずり降ろすことができないわけです。

この期間限定の権力を与える仕組みが民主主義の最低ルールでもあるのです。たとえば日本でも二〇〇九年、民主党が選挙で勝って自民党から民主党に政権が交代することが決まったとき、当時は自民党の麻生《あそう》太郎《たろう》氏が首相でしたが、麻生氏はすぐに首相を辞めました。そして民主党の鳩山《はとやま》由紀夫《ゆきお》氏が首相になりました。私たちはこれが当たり前だと思っていますが、当たり前ではない国もあるのです。たとえばアフリカの国では、

「選挙の結果を認めない」と主張して、大統領が二人存在するといった事態が起こったことがあります。民主的な選挙制度はあっても、政権交代を認めない。そんなこともあり得るのです。

選挙の結果に従って政権交代し、首相や大統領が代わる。世界の中でこういうことをきちんとできる国は、全体の半分にも満たないのです。この交代を可能にしている権利を有している私たちは、同時に責任も持っていることを意識して、不断の努力をしていかないとならないのです。

ちょっと格好良すぎることを言いましたかね？　民主主義や憲法を語るということは、決してダサいことではないんですよ。

コラム　公文書

公文書というのは、国や地方公共団体の機関、公務員が仕事をする上で作成する文書のことです。公文書以外の文書を私文書といいます。

これまで薬害肝炎患者リストの放置、年金保険料の記録の紛失など、公文書の管理を巡ってはさまざまな問題が起こってきました。その反省から「公文書等の管理に関する法律」がつくられます（二〇〇九年成立、二〇一一年施行）。この法律により中央省庁などでは、省庁ごとに違っていた公文書の管理基準が統一され、保存期間なども決められました。

しかし二〇一七年、学校法人森友学園への国有地売却に関する文書の廃棄問題、廃棄されたと言われていた自衛隊の南スーダンにおけるＰＫＯの日報が見つかった問題など、法律が施行された後もずさんな管理が続いていることがわかりました。

たとえば公務員が仕事の現場でメモをとったとき、それは公文書なのか、私文書なのか。こういった場合に現場の公務員が私的なメモと判断して捨ててしまうという抜け道があるとの指摘があります。

公文書は、国や行政がどういう経緯で政策を決めたり、仕事を進めたのかを記録し、それを国民が確認したり、後世で検証したりするために残すものです。それが現場の公務員の個人的な判断に委ねられ、隠されたり捨てられたりしては、私たち国民が行政の仕事をチェックすることができなくなってしまいます。たとえば、政策決定の際に政治家がどういう役割を果たしていたのか。こういうことが公文書によって残されていれば、選挙の際の判断材料の一つにもなりますよね。それ故、公文書の管理は、民主主義の根幹の一つとして重要なものとされているのです。

歴史的な公文書を保管している公文書館は各地にあります。その代表とも言えるのが東京都千代田区にある国立公文書館です。ここには重要な公文書が収集され、保存されています。「大日本帝国憲法」も「日本国憲法」も保管されており、インターネットでデジタルアーカイブも見ることができます。あなたもさまざまな公文書を実際に一度ご覧になってみてはいかがでしょう。

第二章

天皇とはどんな存在？

大日本帝国憲法にも立憲主義が

日本国憲法の前文では、「主権が国民に存することを宣言」しています。主権者、つまり国や政治のあり方を最終的に決めるのは国民ですよと宣言しているにもかかわらず、その第一章は「天皇」についての項目なんだよね。なぜだと思う？

それは、明治時代につくられた大日本帝国憲法を、戦後になって改正していまの日本国憲法が成立したからです。日本国憲法の公布にあたっての以下のような文書（「上諭」と言われる天皇の言葉）がその冒頭にあります。

> 朕は、日本国民の総意に基いて、新日本建設の礎が、定まるに至つたことを、深くよろこび、枢密顧問の諮詢《しじゅん》及び帝国憲法第七十三条による帝国議会の議決を経た帝国憲法の改正を裁可し、ここにこれを公布せしめる。

この「朕」というのは、天皇の自称です。日本が戦争を終え、新たに出発するにあたり、憲法も新たなものにする必要がありました。ただ、新たなものにするにしても、憲法を改正するかたちを取ったので、そのとき効力を持っていた大日本帝国憲法の規則をもとに改正する必要がありました。したがって、大日本帝国憲法の七三条に則って議会の決議を経て改正されたのが、日本国憲法です。

この改正による内容の変更があまりにも大きいので、二つの憲法には連続性がないといった指摘もあります。それでも現在の日本国憲法において第一章が「天皇」についての条項なのは、大日本帝国憲法の構造などを踏襲し、その順に倣ったためなのです。

大日本帝国憲法は、「欽定《きんてい》憲法」です。これは君主、要は王が定めた憲法という意味です。ですから、君主である天皇がつくった憲法を国民に公布するかたちになっています。そのため、第一章がまず天皇の地位や権限についての条項になっていたのです。大日本帝国憲法では、天皇が絶対的な力を持っていると、学校でも習います。次のように書かれていることが、そう教わる理由の一つです。

第三条　天皇ハ神聖ニシテ侵スヘカラス

天皇は神聖だから、その絶対的な力を傷つけるようなことをしてはいけない、といった意味です。しかし、次の第四条では、天皇の絶対的な力も法の規定に基づいて行使すると書いてあります。

第四条　天皇ハ国ノ元首ニシテ統治権ヲ総攬《そうらん》シ此《こ》ノ憲法ノ条規ニ依《よ》リ之《これ》ヲ行フ

いくら大きな権限を持っている天皇であっても、勝手なことはできない。この憲法で定められていることに則り、その力を使わなくてはいけないという内容です。これこそ立憲主義の考え方です。ただ、そうは言っても、天皇の力はとても大きく認められています。

第五条　天皇ハ帝国議会ノ協賛ヲ以《もつ》テ立法権ヲ行フ

第六条　天皇ハ法律ヲ裁可シ其《そ》ノ公布及執行ヲ命ス

天皇は議会の助けを借りて、法律を定め、承認し、それを公布するということが決められています。当時はいまのような普通選挙ではなく、あくまで制限された選挙によって選ばれた議員たちによる議会の決定であり、最終的には天皇の権限が大きかったわけです。それでも次のような規定が設けられていました。

第九条　天皇ハ法律ヲ執行スル為《ため》ニ又ハ公共ノ安寧秩序ヲ保持シ及臣民ノ幸福ヲ増進スル為ニ必要ナル命令ヲ発シ又ハ発セシム但シ命令ヲ以テ法律ヲ変更スルコトヲ得ス

天皇は法律を執行するにあたって、または社会の安心や国民の幸福のために必要な命令をする。だが、命令で法律を変更してはならない、ということです。議会で決めたことを天皇が命令で変更してはいけない。必ず議会が決めた法律に基づいて執行するということが決められている。このように大日本帝国憲法においてすら、天皇の力は無条件に与えられるものではなく、天皇が無限の力を持っているわけではないとしていて、憲法や法律に基づいて国家のさまざまなことを進めると決められています。立憲主義の考え方がある程度取り入れられているということです。

日本が明治維新によって新しい国家をつくろうとなったとき、後に初代内閣総理大臣となる伊藤博文たちは、近代的な国家とはどういうものだろうかと考えたんだね。調べると、憲法というものが必要だということを知るわけです。そこで、どういう憲法であれば、近代的な国家として認められるのかと、ヨーロッパへ行って調査をした。その結果、立憲主義という考え方を持って日本へ帰ってきます。

大日本帝国憲法をめぐる議会での議論の際、「天皇も憲法や法律の規定に基づいてふるまわなくてはいけない」という条文の内容に、天皇という崇高な存在に対して、なぜそんな歯止めをかけるのかと反対意見が出ます。これに対して伊藤博文は、「いや、これは立憲主義というもので、すべての人が守らなければいけない。これが憲法なんだ」といった内容のことを言っています。まるで議会で憲法の授業をしているようです。いまから思えば、明治のあの時代にこの立憲主義の概念を用いてつくられた大日本帝国憲法というのは、なかなかのものと評価できる部分もあるのではないでしょうか。

「日本国民統合の象徴」とは？

では、現在の日本国憲法の第一条はどのようになっているでしょうか。

第一条　天皇は、日本国の象徴であり日本国民統合の象徴であつて、この地位は、主権の存する日本国民の総意に基く。

今上天皇（現上皇陛下）が考え続けてきたのが、この「日本国民統合の象徴」という規定です。国民統合の象徴とは、なんなのか、どういうことなのかをずっと考え続けてこられました。昭和天皇は大日本帝国憲法の規定に基づいて即位された天皇です。今上天皇は、日本国憲法のもとで初めて即位された方です。ですから見本となるような存在もいなければ、具体的に目指すところも定かではなかったわけです。その今上天皇にとって、国民統合の象徴とは何かを考え続けてこられた結果、国民がさまざまな災害などで被害を受けたり、苦しんだりしているとき、その人たちに寄り添うことが、象徴としての役割なのではないかという結論に達したのです。

一九九一年に長崎県の雲仙《うんぜん》・普賢岳《ふげんだけ》で火砕流が発生しました。平成になって初めての大きな自然災害です。火砕流で死亡者も含め多くの被災者を出し、大勢の地域住民が避難をしていました。当時の天皇と皇后は、再び火砕流が起こる可能性もある危険な状況にもかかわらず、避難されている方たちのお見舞いに訪問されます。その際、避難所を訪れた天皇が膝をついて避難されている人たちと視線を合わせて話をされました。いまなら当たり前だと思うでしょう？　でも、これが大騒ぎになったのです。どうしてだと思いますか？

第一に、そんな危険な場所へ天皇が行くべきではない、そんな必要はないという意見。

第二に、天皇に膝をつかせて被災者と話をさせるなんてとんでもないという意見です。

この映像を見た人から政府や被災者に抗議が殺到したのです。

それほどまでに、天皇という存在は崇高なもの、庶民からは遠い存在。そんな感覚を当時も多くの人が持っていたのですね。

ですがいま、国内で何か大きな災害があれば、天皇と皇后が被災者のところへ訪れ、膝をついて話をするのは当たり前のことになったよね。多くの人が天皇のその振舞いを当然のこととして受け止めているのではないでしょうか。

東日本大震災でも同じように振舞われていた天皇と皇后ですが、被災地の状況にはとても気を遣われています。現地を訪れるタイミングも、自分たちが行くことで混乱が生まれない状況になっているかどうかを見計らっていらっしゃいました。まだ現地が落ち着いていないとなると、すぐに行くのではなく、たとえば東日本大震災のときであれば、震災後すぐにビデオメッセージを放送して、被災されている方たちを励ましました。また、お二人が訪問するとなると警備も大変ですから、基本的に日程は日帰りです。現地で移動するときに乗用車に乗ると、警備の車などで車列が長くなるので、マイクロバスで移動されました。

自分の意思を簡単には表明できない立場

こうして「日本国民統合の象徴」とは何かということをずっと問い続けてきた今上天皇は、とにかく国民に寄り添うことが自分の役割だと考えられたわけです。その結果、国民の意識も変化しました。天皇と皇后が被災地を訪問して、現地の方々をお見舞いすることに反対する人はいなくなったのではないでしょうか。

しかし年齢とともに体力は衰えますから、とても今後も同じように国民統合の象徴としての役割を続けることができない。この際、退位をして新たな天皇に引き継ぎたいという思いを今上天皇は抱《いだ》かれたのでしょう。ところが天皇というのは、自分のそういった思いを簡単には表明できません。このことも憲法で決められています。

第四条　天皇は、この憲法の定める国事に関する行為のみを行ひ、国政に関する権能を有しない。

②　天皇は、法律の定めるところにより、その国事に関する行為を委任することができる。

この「国政に関する権能を有しない」というのは、たとえば法律をつくる、憲法を改正するなどといった政治に関わるさまざまなことに影響を与えるような行いを天皇はしてはいけないといった意味です。さらにここまで触れてきたように憲法は権力者が守るべきだということが、立憲主義の大きな要件です。天皇もまた権力の一端であり、いまの憲法にもしっかり次のように書かれています。

第九九条　天皇又は摂政及び国務大臣、国会議員、裁判官その他の公務員は、この憲法を尊重し擁護する義務を負ふ。

天皇も憲法を「擁護する義務」があるわけです。自分が政治に影響を与えるような振舞いをしてはいけないという憲法の規定を守らなければいけません。ですから、たとえ国民統合の象徴の務めを果たすことが無理になってきたから退位したいという個人的な思いを抱いても、それを天皇が発言することで、政府や議会が「では、法律を変えて、天皇が自ら退位できるようにしましょう」と動いてしまうと、天皇が法律の変更に直接影響を与えることになってしまいます。「国政に関する権能」、つまり政治的な権能を行使したことになるのではないかということです。これが今上天皇のジレンマでした。

今上天皇は、個人的には、皇后や二人の息子、友人や宮内庁の幹部には以前から、自身の退位についての考えを伝えていたと言われています。宮内庁を通じて極秘のうちに内閣にもその意向は伝わっていたはずです。

しかし内閣は何もしませんでした。天皇陛下の思いを実現するために動こうとはしなかったのか、という批判もありました。いつも「憲法を守る」ことを大事に考えている今上天皇を安倍首相がよく思っていなかったからではないかとの憶測も出ましたが、内閣が動こうとしなかったこと自体は、仕方がなかったとも言えます。だって、天皇の発言で行政が動いてはいけないことは憲法で決められていることなのですから。

生前退位はどうやって決められたか

状況が変化したのは、ＮＨＫによる報道です。今上天皇が悩んでいらっしゃる様子を知っていた人がＮＨＫの社会部記者に話をしたことで、スクープとして取り上げられました。これで大騒ぎになります。

そこで内閣としても、天皇がそういう思いをお持ちであるのなら、自ら退位できる仕組みをつくりましょうとなるかと言えば、そうはなりません。内閣が動いてすぐに法律をつくってしまうと、結局、天皇の意思が働いて、政治的権能を果たしたことになってしまうからです。天皇の生前退位が決まるまでに長い時間がかかったのは、天皇が「国政に関する権能を有しない」という憲法の規定をどうクリアするかが大きな問題だったからなのです。

ＮＨＫの報道から約一か月後の二〇一六年八月八日、「象徴としてのお務めについての天皇陛下のおことば」と題された天皇のビデオメッセージが放送されます。このメッセージの中でも天皇は、「憲法の下、天皇は国政に関する権能を有しません」と発言されています。そこで今度は内閣の側が、どういう手順を踏めば憲法違反にならないかという問題に直面します。それは、これを契機に退位についての議論を始めることすら憲法違反だという考えもあるからです。それでも安倍内閣は、「天皇の公務の負担軽減等に関する有識者会議」を設置して、有識者に天皇の退位について議論してもらうことにしました。

　この「有識者」というのは、いろいろな分野の専門家のことです。会議のメンバーになる有識者たちは、必ずしも議題となる分野の専門家であるとは限りません。この「天皇の公務の負担軽減等に関する有識者会議」に参加する有識者も、天皇や皇室について研究しているような専門家ではありませんでした。天皇や皇室について特定の意見や考え方を持っている人は基本的に外して、極力客観的に議論する人たちだけを集めたのです。そういった有識者たちが、憲法の専門家をはじめ、天皇と皇室、歴史や制度についてそれぞれ意見を持っている人たちを呼んで話を聞き、議論をする。問題について多角的に考えてさまざまな議論を生むためにそういった方法を採ったのです。

　ただ、天皇の退位を考えるためにヒアリングをした専門家の人選が、安倍政権に近い人が多かったという批判がありました。ヒアリングを終えた人たちは、部屋から出ると、待ち構えていた報道陣のインタビューに答えます。この中には、「天皇は被災地を訪問する必要はない。天皇は存在して祈っているだけでいい」と言い切った人もいました。この人に言わせると、天皇が被災地に行こうとするから体力の衰えの問題が出てきて、退位を考えるようになったのだろう、そもそも被災地を訪問しなければ、こんな問題は起きなかった、ということのようです。「日本国の象徴」には、こんな受け止め方もあるのですね。

　もっとも有識者会議のあるメンバーに言わせると、ヒアリングでは言わなかったことを報道陣の前で発言した人もいたというのです。このメンバーは「意図的な発言だ」と私に怒っていましたが。

　有識者たちはヒアリングを含む一四回に及ぶ会議の議論をとりまとめた結果を、二〇一七年の四月、安倍首相に最終報告しました。並行して国会でも議論が行われていて、天皇退位ができるように特例法をつくることが、最終報告を前に決まります。こうして内閣の下に置かれた有識者会議と国会での議論を経て、二〇一七年六月、天皇の退位を一代限り認める「天皇の退位等に関する皇室典範特例法」が成立、公布されました。

　二〇一九年五月、皇太子が次の天皇に即位しました。その即位の行事に天皇は出席しないことになりました。これは国民統合の象徴が二人も存在してはいけないという今上天皇の考えによるものです。新しい「日本国民統合の象徴」が生まれたら、退位して上皇となった天皇は一切表には出ず、身を引く。だから上皇になった後は、個人的なことを報道してくれるなといった思いもお持ちのようです。国民統合の象徴は一人だけで、そこから退いた上皇は、公的な行事には参加しない。そして何かするにしても報道などで騒ぐようなことがないようにしてほしい。これは「二重権威」という批判を受けないための抑制の利いた見事な振舞いであり、トップに立つ人間の身の処し方として敬服する態度ではないでしょうか。

日本の国家元首は誰なのか

こうして見てくると、憲法で規定されている「日本国民統合の象徴」というのは、とても抽象的な表現です。

たとえばアメリカは、国を代表する存在である国家元首は大統領です。アメリカなどの共和制、つまり一般的には国民による選挙などを通して国家体制が維持されている国では大統領が国家元首です。

では、イギリスの国家元首は誰でしょう。イギリスの首相はテリーザ・メイ氏（いまはボリス・ジョンソン氏）ですが、首相というのは、内閣総理大臣、つまり行政の長です。イギリスの国家元首は、君主であるエリザベス女王ですね。

続いて、オーストラリアの国家元首は誰でしょうか。これも、エリザベス女王になります。オーストラリアはイギリス連邦に加盟していますから、国家元首はエリザベス女王ということになるのです。そのため本来はオーストラリア議会の開会などには、エリザベス女王が列席すべきではあるのですが、その仕事や権限は、オーストラリアに駐在する総督が代行して務めています。

余談ですが、このイギリス連邦の各国にいる総督は、かつてはイギリス本国から派遣されていました。しかしいまはすっかり形骸化しています。たとえばカナダの場合であれば、カナダの首相がカナダ人の中から選んだ人を、その指名に基づいてエリザベス女王が総督に任命するというかたちを採っています。また、選ばれる人の人種や民族も性別も多様になっています。

それでは日本の国家元首は誰でしょう。天皇でしょうか、首相でしょうか。もし試験でこの問題が出たら、「明文規定されていない」という解答が正解です。日本国憲法には、国家元首に関する規定がないのです。天皇はあくまで「日本国の象徴であり日本国民統合の象徴」という抽象的な存在であって、国家元首ではありません。イギリスは立憲君主制の国ですから、国王と天皇の存在を含め国の制度は似ているようにも思うのですが、憲法の成り立ちも違いますし、国王と天皇の法律的な位置づけも異なります。

しかし世界からは、天皇が日本の国家元首としての扱いを受けている場合が多々あります。たとえば大使が赴任する際、大使というのは国を代表する外交官、つまりその国の元首の代わりとして派遣されていますから、それぞれの国家元首が「この者を私の代理としてあなたの国へ派遣しますので、ご承認ください」といったことを書いた信任状を持って他国へ赴任します。そして大使は着任する国の元首にそれを渡すわけです。

日本の場合でいうと、駐米大使が決まれば、大使がアメリカへ行き、アメリカ大統領に「私が日本の代表です」という書類を渡すかたちを採ります。では外国から日本に来た大使が誰に信任状を渡すかというと、それは天皇に持っていくことが決まっています。これは憲法七条に「天皇は、内閣の助言と承認により、国民のために、左の国事に関する行為を行ふ」と決められていて、その九号に「外国の大使及び公使を接受すること」となっているからです。つまり憲法で天皇がする仕事である国事の一つとして決められているのです。相手の国からすると、元首からの信任状を渡す相手が日本においては天皇であるわけですから、日本の国家元首は天皇だということになります。こういった状況を指して、天皇が国家元首としての扱いを受けているということになるのです。

多大な力を持っていた大日本帝国憲法下での天皇

大日本帝国憲法が改定された日本国憲法。その結果、第一章が「天皇」の項目になったことに触れました。しかし、大日本帝国憲法と日本国憲法での「天皇」の規定には大きな差があります。それはなぜでしょうか。大きな理由は、先の戦争、アジア・太平洋戦争、あるいは太平洋戦争、さらには大東亜戦争など、その呼称はさまざまありますが、日本は戦争へと突き進んでしまった。そのことへの反省が大きく影響しています。どういうことへの反省かというと、日本社会のあり方そのものです。日本社会のあり方には当然、憲法も大きく影響しています。戦前の大日本帝国憲法は、立憲主義に基づいていたから評価できる部分があったといっても、やはり基本的には天皇の大きな権力を認めていました。さらにその憲法の影響を受けた、選挙制度をはじめとする社会の制度は国民にとって大きな制約があるものでした。そういった状況での社会が、日本を戦争へと導いていきました。

もちろん当時、帝国主義と呼ばれる、自分の国の考え方や文化を他国に押しつけ、領土や資源を支配する歴史の流れが強かったこともあるでしょう。それに、日本には権力が最終的に天皇に集中する構造が憲法にありました。もちろんその考えを支持する人たちもたくさんいましたから、日本の社会の側が天皇への権力の集中を認めていた。あるいは、天皇へ権力が集中することを利用して権力の一部として振舞うことをよしとしていた人たちもいました。そういう社会の構造や考え方が戦争へと後押しすることになった部分もあります。それらを改めていくための試みの一つが、いまの憲法なのです。

それでは、その大日本帝国憲法とは、どんなものだったでしょう。まず第一章の「天皇」で、どのように天皇の力が規定されているかを見てみましょう。

第三条　天皇ハ神聖ニシテ侵スヘカラス
第四条　天皇ハ国ノ元首ニシテ統治権ヲ総攬シ此ノ憲法ノ条規ニ依リ之ヲ行フ
第五条　天皇ハ帝国議会ノ協賛ヲ以テ立法権ヲ行フ
第六条　天皇ハ法律ヲ裁可シ其ノ公布及執行ヲ命ス
第七条　天皇ハ帝国議会ヲ召集シ其ノ開会閉会停会及衆議院ノ解散ヲ命ス
第一〇条　天皇ハ行政各部ノ官制及文武官ノ俸給ヲ定メ及文武官ヲ任免ス但シ此ノ憲法又ハ他ノ法律ニ特例ヲ掲ケタルモノハ各々其ノ条項ニ依ル

第三条は天皇は神聖だからあらゆることでその存在を脅かされることはないということです。何をしても責められることはないし、責めてもいけないといったところでしょうか。

第四条では、天皇が国家元首であり、国のすべての仕事をします、ただしその仕事は憲法で決められたことに基づいて行います、となっています。憲法で決められていることに基づいてとあるのだから、権力を縛っているわけですが、以下の条文を見ていくと、国を動かしていく上で重要なことはほとんど天皇が動かしていくことが憲法で定められています。つまり天皇も憲法を守らなくてはいけないのですが、その守るべき憲法で天皇の大きな権力が定められている。これでは国民は、何かあれば権力側の言うことを聞かないわけにはいきません。これは言葉の表現にも表れています。大日本帝国憲法では、国民のことが「臣民」と呼ばれています。この「臣民」というのは、君主の言うことを聞く人。つまり国民は、天皇の忠実な部下であるということなのです。

第五条は、天皇は議会の助けを借りて立法権を行う、つまり法律をつくることができるとなっています。しかしその議会は、誰もが投票・立候補できる選挙で選ばれた議員たちによるものではありませんでした。その議会の協賛、あくまで助けを受けてですから、何重にも国民の意思が制限された条件であることがわかります。

第六条、七条では、天皇が最終的に法律を決め、広く知らせることができ、法律を決めるための議会も天皇が開会、閉会の決定をする、となっています。

第一〇条には、天皇が大臣を決めたり、辞めさせたりすることができるとあります。もちろん、議会の決定に常に天皇がその力を発揮させていたというわけではありません。ただ、いざとなれば、天皇の力が働く。もしくは天皇の力を背景に動く、要は天皇の権力を使ってそれをあたかも天皇の意思であるかのように振舞い、自分のしたいことを通すことも可能な状況であったのです。

権力の中には、物理的な力、軍事力も含まれることが多いもの。大日本帝国憲法下の天皇も例外ではありません。

第一一条　天皇ハ陸海軍ヲ統帥ス
第一二条　天皇ハ陸海軍ノ編制及常備兵額ヲ定ム
第一三条　天皇ハ戦ヲ宣シ和ヲ講シ及諸般ノ条約ヲ締結ス
第一四条　天皇ハ戒厳ヲ宣告ス
②　戒厳ノ要件及効力ハ法律ヲ以テ之ヲ定ム

第一一条、一二条には、天皇が陸海軍を支配下に置き、指揮、予算を決める権限を持っていることが決められています。第一三条では、戦争を開始したり止《や》めたり、講和条約を結ぶ権限を持っていること、第一四条では、国内の非常時に、天皇がそれを収めるために行政や司法、軍隊をはじめさまざまな国の機能を使うことを許可しています。宣告する、とありますから、2項にあるように、この非常時の要件やできることは法律で決めるものの、それを使うことを決めるのは天皇であるということです。

こうして見てくると、国の大事な部分、あるいは公権力と呼ばれる、国が国民に対してこうしてくださいと働きかけできる力の最終的な権限が天皇に集中していたことになります。

この大日本帝国憲法の天皇の権限を剝ぐことが必要だと考えたのが、戦争が終わり、進駐してきた戦勝国のアメリカを中心とした連合国です。ただ、一方、連合国の中には、天皇の権限だけではなく、天皇の存在そのものを戦争犯罪人として処罰し、排除すべきだと主張する国もありました。その主張を抑えたのが、ＧＨＱ（連合国軍総司令部）の最高司令官であったアメリカ軍人のダグラス・マッカーサーです。マッカーサーは、天皇を処罰すると、日本の国民の反発が大きくなり、日本の戦後統治が難しくなるため、天皇を罰しない方針でした。マッカーサーは憲法で天皇の存在を規定し、日本国民の反発を抑え、戦後の日本の統治をスムーズに進めようとしたのです。

今後の天皇・皇室はどうなっていくのか

今上天皇の退位については、大きな話題になりました。天皇の代替わりに関しては、現在の日本国憲法では以下のように定められています。

> 第二条　皇位は、世襲のものであつて、国会の議決した皇室典範の定めるところにより、これを継承する。

この「皇室典範」は、天皇の代替わりをはじめ、皇室についてのさまざまなことが決められている法律です。刑法や民法には、「法」が入っているのに、皇室典範は法律にもかかわらず、「法」が入っていません。どうしてかというと、戦前は法律ではなかったからです。戦前、皇室典範は大日本帝国憲法と並ぶ最高法規でした。並ぶというのは、皇室に関する規則が定められた内容だからです。法律は選挙で選ばれた議員が議会で定めるものです。しかし皇室についての規則である皇室典範は、その法律よりも上で、憲法と同等とされていたのです。戦後、これが民主化され、皇室典範も憲法の下に位置づけされる法律になったわけですが、名前はそのまま残ることになりました。

この皇室典範に以下のように決められていることから、天皇は男系の男子のみが継ぐことになっています。

第一条　皇位は、皇統に属する男系の男子が、これを継承する。

男系の男子というのは、簡単に言うと「女系は駄目」ということです。過去には、女性の天皇が何人かいましたが、その女性天皇たちもすべて男系の女子だったわけです。男系というのは、父方の血筋ということです。たとえば天皇の娘である愛子さまは、男系ではありますが、男子ではありませんから、いまの皇室典範のままでは天皇にはなれません。もしも将来的に、女性の天皇を認めるということになり、その場合も男系の女子に限るということになると、愛子さまは天皇になれます。ただし、愛子さまが結婚されて、生まれた子どもが男性であったとしても、これは女系の男子ですから、天皇になれないということになります。

しかしいま、皇室で「男系の男子」というと、天皇の他は、弟の秋篠宮《あきしののみや》の文仁《ふみひと》さま、上皇の弟である常陸宮《ひたちのみや》の正仁《まさひと》さま、そして、秋篠宮の息子の悠仁《ひさひと》さまだけです。天皇と常陸宮には息子はいません。そうすると、将来、悠仁さまが結婚をして男の子が生まれればいいものの、そうでなかった場合、天皇制を維持していくことはたいへん難しくなっていきます。

これは皇室典範を改正すればいい問題ですから、直接憲法に関係することではありません。ですが女性の天皇、さらには女系の天皇を認めるかどうかは、日本の社会のあり方と伝統との関わりが問われている問題でもあります。

これまでの日本の伝統と考えられている制度や文化の中には、女性を忌避するようなものがあります。それがいままでも社会的な問題になってきていますし、改善されたりされなかったりしながら社会も変化してきています。

たとえば大相撲《おおずもう》の世界では、「女人《にょにん》禁制」といって、女性が土俵に上がることを日本相撲協会が原則禁止にしています。少し前にも、地方巡業の際に土俵で挨拶していた舞《まい》鶴《づる》市《し》の市長が倒れた際、救命のために上がった女性に対し「土俵を下りてください」と、場内アナウンスしました。この対応に批判が出て、大問題になりました。

あるいは昔は、山でトンネルを掘っている現場に、女性が入ると山の神が怒るからといって、女性の記者やアナウンサーが取材をしたり、レポートをしたりすることが嫌がられていました。いまではほとんどの山で女性が入ってはいけないなんてことはありませんが、女性が入ることを禁じている場所は未《いま》だにあります。それを女性差別というのか、伝統文化というのか、議論が分かれるところではあります。

けれども神聖な場所だからという理由で女性が入れないような場所が徐々に減り、さまざまな場面で男女平等に反することへの意見が出るなど、多くの人の意識が変わってきています。これは社会が変わっていっていることの表れで、君たちにも引き続き考えてほしいことです。一人ひとりの考え方の変化が社会を変化させていくことにつながっていくでしょう。

では、皇室の問題はどうでしょうか。小泉純一郎氏が首相だった二〇〇五年当時、首相の要請で、有識者による今後の皇室についての会議が行われました。その「皇室典範に関する有識者会議」による報告書には、こうあります。「非嫡系継承の否定、我が国社会の少子化といった状況の中で、古来続いてきた皇位の男系継承を安定的に維持することは極めて困難であり、皇位継承資格を女子や女系の皇族に拡大することが必要であるとの判断に達した」。

「非嫡系継承」というのは、「非嫡出子」による皇位継承のこと。「非嫡出子」は、結婚していない人との間の子どものことです。かつての皇室では、皇后との間に男子が生まれないと、側室を取るように勧められました。とにかく男系男子の誕生が至上課題だったのです。

この「非嫡出子」による皇位継承を認めない場合（認められるわけはないでしょうが）、少子化が進む中で、「男系の男子」だけによる天皇制の安定した継続は難しいので、女性や女系の皇族も天皇や皇族を継げるようにする必要がある。こういう結論が出ましたが、二〇〇六年、秋篠宮家に悠仁さまが誕生されたことにより、女性や女系の天皇や皇室を認めるかといった、皇室典範改正の議論は尻すぼみになってしまいました。君たちの中にもいろいろな意見があるでしょうが、女性や女系の天皇や皇族の立場を今後どうするか、改めて議論が求められています。

コラム　大日本帝国憲法がプロイセン憲法を手本にした経緯

徳川家による幕藩体制は、その体制に批判的だった薩摩《さつま》藩《はん》や長州藩などの若い武士たちをはじめとした倒幕運動によって、一八六七年、徳川慶喜《よしのぶ》が将軍職を朝廷に返上する大政奉還が行われ崩壊します。翌年、明治新政府が成立し、天皇を政治運営の中心に置いた中央集権化が始まります。

しかし新政府によるさまざまな改革への不満は不平士族の反乱を生み、西洋思想の導入による自由民権運動の高まりとあいまって、薩摩藩や長州藩出身者などが要職を占める政府への批判、国会開設などの要求に繋《つな》がります。

このような社会状況に対して、政府は立憲君主制への移行を宣言し、憲法制定も決定します。限定的ですが政治を国民参加による制度へ変化させ、多少は民主的にすると譲歩したわけです。ちなみにこの時期は、自由民権運動に参加していた人たちによる憲法案（私擬憲法）が数多く生まれました。

ここで憲法をどのような内容にするかが問題になります。一八八二年、憲法の調査のためにヨーロッパへ渡った伊藤博文たちは、当時、ドイツ皇帝と名乗っていたプロイセン国王に国家運営における絶大な権利を与えていたプロイセン憲法を参考にすることに決めました。議会開設を国民に約束する一方、天皇に強い権限を与える憲法を制定することで、天皇を中心とする政治体制を揺るぎないものにしようとしたわけです。

第三章

「最低限度の生活」とはどんな生活？

いまの憲法はどうやって生まれたか

いまの憲法は、「占領軍のアメリカが日本に押しつけたもの」という言い方がありますね。「だから改正すべきだ」という意見がある一方で、「制定の経緯はともかく、いいものはいいのだから変える必要はない」という意見もあります。

こうした議論に対して、「いまの憲法の制定の経緯を見ると、草案はアメリカがつくったけれど、中身は日本側が自主的につくり上げたのだから、押しつけ論は勘違いしている」という主張もあります。

そこで、そもそもの歴史を振り返ってみましょう。

戦争が終わり日本に求められたもの

一九四五年八月一五日、それまで中国やアメリカなどと戦ってきた日本は、ポツダム宣言を受諾して、アメリカをはじめとした連合国に降伏します（受諾通告は八月一四日、降伏文書の調印は九月二日）。ポツダム宣言は、日本降伏のひと月前の七月に、ドイツのポツダムでアメリカ、イギリス、中国の代表が会談して、日本に対して降伏を求め、その際の条件を定めたものです。後にソ連も日本に宣戦布告してこの宣言に加わります。

　その要求は、一三項目ありました。軍国主義者の排除や戦争犯罪人の処罰、軍隊の完全武装解除など、戦争をしない、させない、そしてこの戦争の責任を追及するということでした。さらに民主主義や基本的人権の尊重を求め、新しい国をつくる。そしてそれができるまでは連合国が日本を占領する。ついては無条件降伏を要求するといった内容でした。

　このポツダム宣言を受け入れ、アメリカを中心とした連合国の占領下に置かれた日本は、それまでの社会を覆っていた考え方や制度の変更を求められます。まずは占領下に置かれた日本は、アメリカを中心とした連合国の命令を受け入れる体制になります。そして天皇に最終的な権力が集中していた旧来の大日本帝国憲法を改正することが求められました。

　先にも触れましたが、連合国の中には、天皇を戦争犯罪人として処罰し、排除すべきだと主張する国もありました。その主張を、ＧＨＱの最高司令官であったアメリカ軍人のダグラス・マッカーサーが抑えます。天皇の処罰が戦後の日本統治を難しくすると判断したマッカーサーは、その存在を認めつつも天皇の絶対的な権力を削《そ》ぐ憲法改正を日本政府に命じます。

当時の幣原《しではら》喜重郎《きじゅうろう》内閣は、松本《まつもと》烝治《じょうじ》国務大臣を責任者として、「憲法問題調査委員会」を発足させました。委員会の名称に注目です。「憲法改正委員会」ではないんだね。「問題を調査する委員会」です。当時の日本政府に憲法の抜本的な改正の意欲がなかったことがうかがえます。

この委員会で検討されていた案が、毎日新聞によってスクープされます。厳密に言えば、正式な案ではなかったのですが、内容は、概ね検討案に沿ったものでした。

この案が、大日本帝国憲法とほとんど変わりがないことを知ったマッカーサーは激怒したと伝えられています。マッカーサーは、日本政府から正式に改正案が提示される前に、アメリカ側で改正案をつくることを決めました。先に相手に改正案をつくられてしまうと、それを修正するのは難しくなるという判断からでした。日本側の改正案が伝えられるまでの猶予は九日間。この間に憲法の改正案をつくるわけですから、大変な仕事、いや、そんなことができるのかといったレベルのミッションです。しかしマッカーサーのスタッフたちはこれを成し遂げます。

日本政府側の改正案と報じられた内容は、天皇が軍隊の命令権を持ち、国民の自由や権利を阻害する法律をつくる可能性を含むものでした。

これに対し、マッカーサーが部下に命じたのは、天皇を憲法に基づいた存在として、その役割や職務も憲法で定める。日本は戦争を、紛争解決をはじめ自分の国を守るためのものを含め放棄する。陸海空軍を将来にわたって持つことはない。封建制度は廃止する。つまり民主的な国にするということです。これが「マッカーサー・ノート」と呼ばれる、マッカーサーが部下の憲法改正草案に求めた指示のおおまかな内容です。この考え方は、現在の日本国憲法に色濃く反映されることになります。

日本国憲法の誕生

わずか九日間しかない猶予の中で、マッカーサーのスタッフたちはどのように憲法改正草案をつくり上げたのでしょうか。

マッカーサーは、ＧＨＱの民政局長のコートニー・ホイットニーに改正案の作成を指示します。実務を担当したのは、民政局次長のチャールズ・ケーディス大佐。このケーディス大佐、実は弁護士だったのです。ケーディス大佐を中心に二五人のメンバーが集められ、改正草案がつくられます。この二五人は、民間人もいましたが、アメリカ軍の将校たちが中心でした。ただ、彼らの元々の職業は、弁護士や政府の役人、学者やジャーナリストといったバラエティに富んだものでした。軍人たちでつくった、というものではなかったんだね。

アメリカの改正草案は、大日本帝国憲法の条文の構成は残したものの、当時つくられたばかりの国際連合の憲章、人権宣言、あとは各国の憲法を参照しました。そして何より、当時の日本でも政党をはじめ、学者を中心にしたグループなどが新しい憲法案を発表していたので、これも参考にしました。これらの中でも「憲法研究会」の案は、アメリカの草案に影響を与えたと言われています。この「憲法研究会」は、統計学者の高野岩三郎が中心になり、一九四五年一二月、戦争が終わってわずか四か月で、「憲法草案要綱」という憲法案を発表していたのです。この案には、国民主権の原則などが打ち出されています。

こうしてアメリカの改正草案は、九日間でつくられ、その案をベースにＧＨＱと日本政府による話し合いが行われ、修正が施され、正式に憲法改正草案要綱が一九四六年三月六日に発表されました。

ただし、このまま憲法が改正されるわけではありません。要綱とあるように、大まかに大事なことを決めただけのものだったのです。ですからこの要綱をめぐって、国民が読みやすいように、ひらがなを使った口語体に直してほしいという声が上がり、手直しもされます。そして四月一七日、正式な憲法改正草案が完成し発表されました。

この間の一九四六年四月一〇日には、戦後初めての衆議院選挙が行われました。この選挙では、前年一二月の国会で女性にも参政権を与える法律が成立したため、初めて女性の投票が認められ、数多くの女性候補が立候補しました。その結果、全国で三九人の女性議員が誕生します。しかし、このときの憲法はまだ大日本帝国憲法です。国会も帝国議会のままでした。帝国議会は、衆議院と貴族院で構成されていますが、戦前の衆議院は男性だけから選ばれていて、貴族院は、皇族や華族と天皇から任命された人たちが議員です。国民を代表する議会とはとても言えないような状況です。

六月二〇日、国会が開かれ、この「帝国憲法改正案」が議論されることになります。女性も含んだ新しい衆議院議員が議論に参加します。旧来の貴族院でも審議して、修正が施され、一〇月七日、ついに可決されます。

ただし、この可決には枢密院の審議、可決が必要でした。この枢密院というのは、天皇が国の大事な問題について助言や意見を求める組織です。そのメンバーは、天皇が任命します。男性だけが投票できる選挙で選ばれた代表が国会で決めても、さらに天皇が選んだ人たちがいる貴族院、枢密院の許可がいる。これが明治から戦前まで続いた日本の政治の制度でした。とても民主的とは言えないでしょう。

ポツダム宣言やＧＨＱ、そしてマッカーサーは、この非民主的な日本の制度を変えることが必要だと言っていたわけです。ですが、その制度を変えるにしても、その制度が定めているルールに則って変えていく必要がある。それがここまでの手続きでした。新しい憲法が誕生することで、貴族院は参議院に変わり、枢密院はなくなりました。

一九四六年一一月三日、日本国憲法は公布されます。翌年五月三日に施行され、この日から憲法が実際に効力を持つことになりました。ところで、五月三日は「憲法記念日」ですが、一一月三日は何の日か知っていますか。いまでこそ「文化の日」とされていますが、戦前は「明治節」と呼ばれる明治天皇誕生日の祝日でした。当時の日本政府は、明治節を形を変えて残すために、この日に新憲法を公布したと見られています。戦前の伝統をなんとかして残したい。したたかなやりかたでしたね。それがいまも祝日として残っているのですから。

大日本帝国憲法への反省

それまでの日本の非民主的な制度を変えるために改正された憲法ですが、天皇の絶対的権力が抑えられ、民主的な国家を新しくつくっていく上で、大きな変更がなされます。この変更はいまの私たちの生活に大きな影響を与えています。それは人権についての規定です。

大日本帝国憲法と日本国憲法が同じ構造なのは、ＧＨＱの草案がそれを踏襲したからと触れました。そのため第一章が「天皇」について定めたものとなったわけです。ではそのあとはどうでしょうか。まずは大日本帝国憲法のほうを見てみます。「第二章　臣民権利義務」となっています。この「臣民」は、前にも触れましたが君主の言うことを聞く人といった意味で、日本国民は、天皇の忠実な部下であるということなのです。

第一八条　日本臣民タルノ要件ハ法律ノ定ムル所ニ依ル（大日本帝国憲法）

これは日本国憲法の「第三章　国民の権利及び義務」でも「臣民」からまずは「国民」へと変更されていますが、ほぼ同じような内容です。

第一〇条　日本国民たる要件は、法律でこれを定める。（日本国憲法）

つまり、どういう人が日本国民かということは憲法で決めないで、法律で決めるということです。逆に言うと、法律は変えやすいので、そこで国民の要件が変わることもあり得るとも考えられます。

この後に大きな問題があります。

第二〇条　日本臣民ハ法律ノ定ムル所ニ従ヒ兵役ノ義務ヲ有ス

第二一条　日本臣民ハ法律ノ定ムル所ニ従ヒ納税ノ義務ヲ有ス

第二二条　日本臣民ハ法律ノ範囲内ニ於《おい》テ居住及移転ノ自由ヲ有ス
第二三条　日本臣民ハ法律ニ依ルニ非《あら》スシテ逮捕監禁審問処罰ヲ受クルコトナシ
第二四条　日本臣民ハ法律ニ定メタル裁判官ノ裁判ヲ受クルノ権ヲ奪ハル、コトナシ
第二五条　日本臣民ハ法律ニ定メタル場合ヲ除ク外其ノ許諾ナクシテ住所ニ侵入セラレ及捜索セラル、コトナシ
第二六条　日本臣民ハ法律ニ定メタル場合ヲ除ク外信書ノ秘密ヲ侵サル、コトナシ
第二七条　日本臣民ハ其ノ所有権ヲ侵サル、コトナシ
②　公益ノ為必要ナル処分ハ法律ノ定ムル所ニ依ル
第二八条　日本臣民ハ安寧秩序ヲ妨ケス及臣民タルノ義務ニ背カサル限ニ於テ信教ノ自由ヲ有ス
第二九条　日本臣民ハ法律ノ範囲内ニ於テ言論著作印行《いんこう》集会及結社ノ自由ヲ有ス

この第二〇条から二九条までで決められているのは、日本の国民は、「兵役、納税の

義務があり」、「居住や転居する自由があり」、「不当な逮捕や監禁や取り調べをされることはなく」、「裁判を受ける権利があり」、「勝手に家に入って捜索されることはなく」、「手紙などを検閲されることはなく」、「私的な所有権があり」、「信教の自由があり」、「言論、集会や結社の自由がある」といったものです。こう見ると、いまの憲法とあまり変わりがない、しっかりとした内容です。

しかし、これらのすべての条文には、常に「法律が定めるところ」、「法律の範囲内で」といった但し書きがついています。法律が定めるのですから問題がないように思うかもしれません。ですが、逆に言えば、法律をつくれば人権侵害も可能になるというものでもあるのです。

先にも触れてきたように、法律をつくる議会、そして議員を選ぶ制度、それらは偏ったものでしたし、最終的には天皇が法律についても大きな権限を持っていました。国民の人権を守る上では、決して十分なものではなかったのです。

さらにこの後に続く条文が、法律を決めるのに元々問題のある制度を持つ社会とあいまって戦時下の日本の状況をつくっていくことになります。

第三一条　本章ニ掲ケタル条規ハ戦時又ハ国家事変ノ場合ニ於テ天皇大権ノ施行ヲ妨クルコトナシ

ここまでの条文で定められてきた自由や権利も、戦争や国の大事が起これば、天皇が命令を出すので、その天皇の命令を国民の自由や権利で邪魔することはできませんよ、といった内容です。要は天皇は絶対で、その権限を国民はどんなことをしても妨げることができないわけです。

戦時下で起こったのはどういうことだったでしょうか。言論の自由がなくなります。通信は傍受され、手紙なども検閲されました。戦争に反対する人たちは捕まり、拷問を受けました。宗教団体も弾圧され、信教の自由も抑圧されます。生活の中では、たとえば自分たちの持ち物である金物だって、武器のために国に供出しなくてはなりません。兵役はもちろん国への勤労奉仕も当然といった状況になります。そこでは生まれながらに人間が持っている基本的人権が損なわれていたわけです。そういう制度や社会状況が連合国などから批判されたため、日本は戦後、憲法を改正して生まれ変わる道を選ぶしかなくなったのです。

基本的人権を守るために

日本国憲法は、もちろんアメリカ側の草案が基本になっていますが、その草案は日本政府で検討され日本側の意見も組み込まれ、改正案になったことに触れました。その改正案を国会で審議して議員たちの意見も踏まえ修正され決まったのが、日本国憲法です。そこには日本人の考え、意見も組み込まれているのです。その憲法は以下のように定めています。

> 第一一条　国民は、すべての基本的人権の享有を妨げられない。この憲法が国民に保障する基本的人権は、侵すことのできない永久の権利として、現在及び将来の国民に与へられる。
>
> 第一二条　この憲法が国民に保障する自由及び権利は、国民の不断の努力によつて、これを保持しなければならない。又、国民は、これを濫用してはならないのであつて、常に公共の福祉のためにこれを利用する責任を負ふ。

第一一条は、誰もが人として尊重される権利を持っていることを謳ったものです。一人ひとりが大事に尊重され、自由である権利を奪ったり、邪魔したりすることは誰にもできません。これは戦争の時代を経て、日本国民が必要だと感じ、憲法にきちんと書き込むことを選んだ考えです。そして先の大日本帝国憲法には根本的に欠けていた考え方です。

いまを生きる君たちは、たとえば学校でいじめや体罰などがあったと考えてみてください。それは他者の基本的人権がないがしろにされていることになります。誰もが人を人として尊重しなくてはいけないし、人として尊重されなければならないのです。ただし、第一二条にあるように、その自由や権利が維持されるためには、私たち一人ひとりが絶え間ない努力をしなければいけません。憲法に書いてあるからといって、それがそのまま守られる、維持されるわけではないのです。

たとえば中国や北朝鮮は、中国であれば中国共産党が、北朝鮮は朝鮮労働党が、憲法の上に存在しています。どういうことかというと、憲法の中に、中国は中国共産党の指導に従うと、北朝鮮は朝鮮労働党の指導に従うと書いてある。すなわち党が憲法より上に存在しているということになるんです。要は、憲法に書かれて決められていることであっても、党の指導によって如何《いか》ようにもできるのです。

中国や北朝鮮の憲法を読むと、「言論の自由」や「表現の自由」、「結社の自由」があると書いてあります。「結社」というのは、主に政党をつくることです。それらの自由があると憲法に書いてあるにもかかわらず、たとえば中国であれば、一九九八年に中国民主党という政党をつくった人たちがいました。彼らはすぐに逮捕されました。中国共産党の指導に従わない自由な政党をつくったことで、いまの政権を認めない、つまり国家を引っくり返そうという行為だ、そういう理屈で逮捕されたのです。憲法の解釈権は中国共産党が持っているわけですから、どんな理屈でも理由さえつくれば大概のことが可能になってしまいます。

そこで中国では、憲法で認められている国民の権利を国に守るように主張する人たちがいます。しかし彼らも国家を転覆しようとしているという容疑をかけられ逮捕されてしまうのです。さらにその逮捕された人たちを助けようとする弁護士たちも同じように次々と逮捕されています。「憲法を守れ」と主張すると逮捕される。凄《すご》いことでしょう。

つまり国によっては、いくら憲法に書いてあるからといって、その自由や権利が保障されるわけではないのです。それぞれみんなが互いの自由や権利を守ろうと一所懸命努力する。努力をしないと守ることはできないんだということが、この第一二条には書いてあるのです。

また第一二条では、国民は、この自由や権利を濫用してはいけないとあります。常に「公共の福祉」のために自由や権利を利用しなくてはいけない。この「公共の福祉」というのは、第一一条にあるように人間それぞれが妨げられない権利を持っているため、それを互いに主張し過ぎると、誰かの人権を傷つけてしまうことがある、だから、人権の衝突を避けるために、一方的に濫用することはしてはいけないといった意味です。誰かが好き放題したら、そのために誰かが我慢しなくてはいけない。そんな事態はよくないから、互いを尊重しましょうということです。

> 第一三条　すべて国民は、個人として尊重される。生命、自由及び幸福追求に対する国民の権利については、公共の福祉に反しない限り、立法その他の国政の上で、最大の尊重を必要とする。

誰もが基本的人権を持った個人として尊重され、他の人の基本的人権を侵害しない限りは、生命や自由、幸福を求める権利は国が邪魔をすることはない、といったところでしょうか。先にも言いましたが、学生の君たちには、そして読者の皆さんには、基本的人権ということを考えるとき、いじめは大きな問題であることを強調しておきたいのです。いじめの何がいけないのか。いじめられている人の基本的人権を損なうからです。一人ひとりが人間として尊重されるべきだというのが基本的人権ですから、いじめというのは、その人を人として尊重しないことです。たとえば容貌だったり、体つきだったり、肌や目の色だったり、あるいは国籍が違っていたりすることなどで、差別されたり、いじめられたりするのは、その人の基本的人権が侵されるということなんです。だから、いじめや差別はいけませんと言われたとき、それは相手の基本的人権に関わることだからと考えてほしいんだよね。

平等と差別について、憲法では第一四条にこうあります。

第一四条　すべて国民は、法の下に平等であつて、人種、信条、性別、社会的身分又は門地により、政治的、経済的又は社会的関係において、差別されない。

②　華族その他の貴族の制度は、これを認めない。

③　栄誉、勲章その他の栄典の授与は、いかなる特権も伴はない。栄典の授与は、現にこれを有し、又は将来これを受ける者の一代に限り、その効力を有する。

　戦前の日本には、身分制度が存在していました。それを解消することもまた戦後の日本の課題でした。それが第一四条でも規定されています。戦前は、女性は参政権がなかったり、男性に比べ、社会や仕事、さらには家の中でも弱い立場に置かれてきました。それを解消しようということです。

　門地とは家柄のことです。つまり生まれた家や土地での差別を禁じたのです。いまも被差別部落出身であることを理由に差別を受ける人たちがいます。これは決して許されることではありません。

　差別やいじめがよくない。これは当たり前のことと言えば当たり前のことです。ただ、なかなか社会の中から消えていかないことでもあります。先に触れた第一三条で、それぞれの人に幸福を追求する権利があり、それが他の人の権利を侵害しない限りは、国もそれを阻害することはないと決められていることがどういう意味を持っているか、考えてほしいのです。国に個人の幸福を阻害する権利がないように、人にもまた他人の幸福を奪う権利はないのです。差別やいじめというのは、他人の幸福を奪うことに他なりません。つまりは、他者の権利を奪うことを認めれば、自分もまた他者からそれを奪われる可能性を認めることになるんだよね。

日常生活に根を下ろしている憲法の存在

こうやって見てくると、基本的人権をはじめ、自分たちの生活に憲法が密接に関係しているという意味が少しわかってきませんか。

たとえば、毎日の生活のことを思い出してください。朝起きて学校や仕事へ行く前に洗面所で顔を洗って、歯を磨きますね。水道から水が出てきて、顔を洗い、歯を磨きます。それが当たり前と思っているかもしれません。水道が整備され、顔を洗った水や歯を磨いた水が洗面所から流れていく。それは、水道法や下水道法という法律があり、それぞれの自治体が法律に基づいて、憲法第二五条で決められていることを守ろうとしているからなのです。

第二五条　すべて国民は、健康で文化的な最低限度の生活を営む権利を有する。
②　国は、すべての生活部面について、社会福祉、社会保障及び公衆衛生の向上及び増進に努めなければならない。

こうして「国民は、健康で文化的な最低限度の生活を営む権利」があると憲法で規定しているからこそ、国や役所は国民の生活をよりよくするため、上下水道をつくり、みんなから集めた税金や使用料を使ってインフラを整備して、多くの国民が水を汲みにいったり、捨てにいったりする労力を割かないでいいように努めているのです。

次に、歯を磨くには歯磨き粉を使います。その歯磨き粉やそれが入っているチューブに、人体に危険な物質が使われていてはいけないよね。もし危険な物質が使われて体調を崩すようなことになったら大変だ。それらに入っているものが安全かどうかの基準を見極め、制度をつくっているのも、国が「公衆衛生の向上及び増進に努めなければならない」からです。

ついで朝ごはん。食卓にあがる食品が安全か、食品添加物に危険なものが入っていないかも法律で取り決められています。健康に影響を及ぼすような危険なものが入っていてはいけませんから、食に関してもすべて安全基準が定められているわけです。あるいはスーパーマーケットやコンビニエンスストアなどで売られている食べものを買ってくるとき、消費期限が定められています。これもどのくらいの期間、食べものが安心して食べられるかが決められているから。このように、それぞれ食品衛生法や食品表示法など、さまざまな食に関する法律があるのも、憲法の規定が大本にあるからなんですよね。行政などが国民のためにいろいろな仕事をしているのも、憲法で定められているからなのです。

では、今度は朝の準備を終え学校へ行くときに、憲法はどう影響しているでしょう。義務教育の公立学校であれば、授業料は無償で、教科書も無償です。これも憲法の規定があるからです。

第二六条　すべて国民は、法律の定めるところにより、その能力に応じて、ひとしく教育を受ける権利を有する。

②　すべて国民は、法律の定めるところにより、その保護する子女に普通教育を受けさせる義務を負ふ。義務教育は、これを無償とする。

教育を受ける権利がある上に、どんなことを学んでもいいのです。これも憲法に書かれています。

第二三条　学問の自由は、これを保障する。

教育を受け、自由に学ぶことができる。これは戦前、国が国民の思想や学問、研究を統制しようとしたことへの反省から生まれたものです。基本的人権の一部でもあるのではないかと考えています。学びたいことを学べる自由が、ある時期はなかった。それがいまは誰からもとがめられることなく、どんなことを学んでもいい。好きなこと、したいことができる。これは人類が、長い歴史の中で獲得してきたとても大切なことなのです。

一方、学問の自由があれば、権力を批判的に検討することもできます。もちろん好意的に解説しても構いませんし、行政の政策や働きに学問を活かすこともできるでしょう。また、もし権力や社会状況がよくない方向へ進んだとき、状況の改善を目指して、他の人にそのことを説明するためには科学的な批判、研究が必要になってきます。そのためにも学問の自由は重要です。

同じように戦前への反省が込められ、自由であるとともに社会に多様性を保つために必要なことを規定した条文があります。

第二一条　集会、結社及び言論、出版その他一切の表現の自由は、これを保障する。

②　検閲は、これをしてはならない。通信の秘密は、これを侵してはならない。

戦前の政府は、人が集まり、何かを話し合い、表現することを警戒していました。もしかしたら自分たちのしていることに自信がなかったり、あまりよいことをしていないといった自覚があったりしたのかもしれません。もしその内容が政府を批判するものであれば、集会を催したり、出版物をつくったり、書いたりした人たちが捕まえられたりもしていました。

政府に都合が悪いものを国民の目に触れさせないようにすることで、人々の考え方から批判的な意識を奪い、政府の意向に追従させるようにしていたわけです。その結果、同じような見方をする人が増え、違う考えを持つ人を排除する傾向が強まります。違う考えの人は「非国民」と非難されました。戦時下となると同調圧力はさらに強まり、自由はより奪われていきます。戦争が終わるまで、日本では人間のさまざまな営みが制限されていたのです。

いまはテレビやラジオ、新聞やインターネットなど、さまざまな媒体で情報を得ることができます。そんな生活を送っていられるのも、表現の自由が保障されているからです。現在のそうした状況が奪われることを想像してみてください。人間の自由な活動を抑えようとすることは、やはり基本的人権を損なう行為だと言えるのではないでしょうか。

信教の自由と政教分離

戦前の社会状況への反省に立っていまの憲法ができている。これはつまり憲法がそれだけ私たちの日常生活と社会に影響を与えている証拠でもあります。憲法を変えれば、その下にある法律や制度も変わり、日々の私たちの暮らしも変化します。

戦前も憲法の規定が法律や制度を通し日常に影響して、結果、戦争へと突き進んでいくことになりました。戦後、その日本の社会を、国民の意識を変えるために憲法を変え、法律や制度を変え、私たちの日常も変化してきたわけです。

自由が保障され、権利があるということは私たちにとってとても大切なことです。その自由や権利が制限されていた戦前は、政府の側が国民の生活をコントロールしやすい環境にありました。ここからは、そんな戦前からの反省に立ち、つくり上げられた日本国憲法について考えてみましょう。憲法がどんなふうに私たちの生活と関わっているのか、きっとそこから見えてくるものがあるはずです。

第二〇条　信教の自由は、何人に対してもこれを保障する。いかなる宗教団体も、国から特権を受け、又は政治上の権力を行使してはならない。

②　何人も、宗教上の行為、祝典、儀式又は行事に参加することを強制されない。

③　国及びその機関は、宗教教育その他いかなる宗教的活動もしてはならない。

この第二〇条では、信教の自由を認めています。どんな信仰を持つことも、あるいは信仰を持たないこともまた自由である。これが信教の自由です。個人の信教の自由を認めるとともに、国が特定の宗教団体を支援してはいけない。つまり政教分離もここで謳われています。これは戦前の国家神道への反省があって、政治と宗教の結びつきを明確に憲法で禁じたわけです。特定の宗教団体が国と手を結んで何らかの権力を行使することは憲法違反になります。

では、たとえば公明党と創価学会の関係はどうなるのでしょうか。選挙のたびに創価学会は公明党の候補者を応援しています。これは政教分離の原則に反することではないのでしょうか。

公明党もしくは創価学会の考え方は、そもそも信教の自由があるわけだから、その自由に対して国が介入してはいけないというものです。また、公明党にしてみると、創価学会の支援は受けているけれど、公明党は独立した政党であり、選挙によって選ばれて政権に参加することは、何の問題もないと言っています。連立を組んでいる自民党もこの問題には異議を唱えていません。政党が特定の宗教団体の支持を得ているからといって、それがすぐ憲法に違反するとはならないということです。まず優先されるのは、個人の信教の自由であり、政党への特定の宗教による支持は、その自由の観点から制限されないということです。

公明党の人たちの多くはもちろん創価学会員です。彼らは仏教の思想を持っていて、その思想を持った上で政治に関わるけれど、だからといって宗教団体そのものが権力を握っているわけではないといった説明をしています。歴代の内閣もその考え方を認めています。

この第二〇条には、国は宗教活動をしてはいけないとも書いてあります。そのためたびたび問題になってきたのが、首相や大臣の靖国神社参拝です。首相や内閣の一員が特定の宗教法人に参拝することは宗教活動ではないか。国を代表する首相や各行政のトップが宗教活動をしてよいのかが問われるわけですが、私的参拝だということで、これも個人の信教の自由が優先されるような結果となっています。

そしてもう一つよく問題になっていたのが、地鎮祭です。何か建物をつくるときに神主さんが来て、お祓《はら》いをする行事です。地鎮祭は宗教行事であり、国や各自治体が施設などをつくるときに、行政が費用を使って地鎮祭をすることは憲法違反になるのかどうかが議論になりました。結局、裁判が行われ、最高裁判所の判断は違憲ではないということになりました。

これはどういうことかというと、最高裁判所の判断は、地鎮祭は宗教行事ではあるけれど、すっかり一般化していて、社会の慣習のようなもので、地鎮祭をしたからといって行政が神道の肩を持って、他の宗教を圧迫していることにはならないということなのです。この結果、地鎮祭に関しては、公金を使っても問題ないという判断になりました。

また、安倍首相が靖国神社の例大祭に玉串料《たまぐしりょう》を納めたときは、ポケットマネーで出しています。あくまでも個人的な宗教活動として振舞っているわけです。もし公費で納めるようなことになれば、憲法違反になります。

学問の自由と信教の自由と公の支配

ここでもう一つ問題になることがあります。第二〇条では、いかなる宗教団体も国から特権を受けてはいけない、そして国は、宗教教育や宗教的活動もしてはいけないことになっています。そうなると、たとえば宗教団体がつくった学校はどうなるのか、ということです。国から私立の学校への補助金である私学助成金はその学校にも支給されています。これは特定の宗教活動をしている学校への補助であり、公金、つまり国が国民から集めた税金などのお金の支出にあたるのではないかということです。これは第八九条にも関係することです。

> 第八九条　公金その他の公の財産は、宗教上の組織若《も》しくは団体の使用、便益若しくは維持のため、又は公の支配に属しない慈善、教育若しくは博愛の事業に対し、これを支出し、又はその利用に供してはならない。

第八九条には、公金を宗教団体のために使ってはいけないといったことが決められています。つまりこの条文からすると、宗教団体がつくった学校に国から助成金を出すのは許されるのかという問題です。

そもそも私学助成金自体が税金であることから、この私学助成が憲法に違反しないかどうかもかつて議論になったことがあります。私学は公立学校とは違い、それぞれが独自の教育や活動を行うことができる。だから私学は、第八九条にある「公の支配に属しない慈善、教育若しくは博愛の事業」なのではないかということです。

けれど、私学であっても当然のことながら学習指導要領に基づき、文部科学省検定の教科書を使って授業をすることが義務づけられています。これは「公の支配」に属しているとも捉えることができます。だから私学に助成金を出すことは、憲法違反ではないということになりました。同じことが、宗教団体がつくった学校についても言えるわけです。

君たちが通った学校、あるいはいま通っている学校は、公立でしょうか、私立でしょうか。公立であれば当然多くの税金が使われて運営されています。私学であっても国からの補助金が使われています。こうしたお金の使われ方にも憲法が関わっているんです。そうやって考えると憲法が自分の身の回りに関係していることを少しは実感できるよね。

逮捕にも人権を意識

基本的人権と自由は、憲法にとってとても重要な要素です。しかし憲法には、私たちの権利や自由を奪う際の規定も記されています。それは、なんだと思う?

それは逮捕のとき。君たちには関係ないことであってほしいけれど、人生何が起こるかわからないよね。そこで、これについても知っておこう。

犯罪容疑に関する権利が第三一条から四〇条では規定されています。そこに、もし犯罪の被疑者となって拘束される場合でもどのような権利があるかが定められています。

第三一条　何人も、法律の定める手続によらなければ、その生命若しくは自由を奪はれ、又はその他の刑罰を科せられない。

この第三一条では、法律の定める手続きによらなければ、生命を奪われることはない、と決められています。逆に言えば、法律による手続きがきちんとなされていれば、その生命を奪われることもある、つまり死刑もあり得るということなのです。

第三二条　何人も、裁判所において裁判を受ける権利を奪はれない。

第三三条　何人も、現行犯として逮捕される場合を除いては、権限を有する司法官憲が発し、且《か》つ理由となつてゐる犯罪を明示する令状によらなければ、逮捕されない。

この第三二条、三三条は、裁判を受ける権利が誰にでもあり、現行犯であれば、もちろんその場で逮捕できるけれど、そうでない場合は、警察が勝手に逮捕することはできない。必ず、こういう容疑があるという証拠を添えて裁判所へ行き、裁判官にどのような犯罪でどういう逮捕理由なのかが書かれた逮捕令状を出してもらってから初めて逮捕できることになっているのです。

　第三四条　何人も、理由を直ちに告げられ、且つ、直ちに弁護人に依頼する権利を与へられなければ、抑留又は拘禁されない。又、何人も、正当な理由がなければ、拘禁されず、要求があれば、その理由は、直ちに本人及びその弁護人の出席する公開の法廷で示されなければならない。

第三三条に、逮捕には犯罪を明示する令状がなければ逮捕されないとあります。さらに第三四条では、逮捕理由をすぐに告げられ、弁護士を依頼する権利を与えられないと、逮捕されないと決められています。つまり、逮捕するときには逮捕令状が必要で、逮捕する相手の前で逮捕令状を読み上げて、その逮捕理由を告げ、弁護士を頼む権利があることも告げ、それらを本人にも確認させた上でないと、逮捕してはいけないと決められています。

私も実際に容疑者逮捕の瞬間に立ち会ったことがあります。「君は、誰々君だな」と本人かどうか確認したあと、「君に逮捕令状が出ている」と令状を読み上げ、本人にも読ませて確認をとってから、手錠を掛けていました。こういう手続きを踏んだ上でなくては、いくら容疑者であったとしても、人の自由を奪ってはいけないということです。

憲法の条文は、大まかな枠を与えるような内容で、細かい決まりは法律で内容を決めることが多いのですが、人の自由や権利を奪うような逮捕、裁判について規定した場面では、細かなことも決められているのです。面倒なことのように見えても、人権を尊重する考え方がまずは基本にある。そのための手続きはきちんと踏まなくてはならない。こういうところに人権や自由に重きを置く憲法の精神が表れているのではないでしょうか。

自由や権利を守るために

権利については、戦前の状況への反省からさらに細かな規定があります。

第三六条　公務員による拷問及び残虐な刑罰は、絶対にこれを禁ずる。

戦前は特高（特別高等警察）という、反体制活動を取り締まる警察が組織されていました。共産主義や社会主義など、当時の社会体制を壊すような思想を持つ人たちの活動を阻止することが目的でした。特高警察官が「おい、お前、ちょっと来い」と言って、無理やり警察へ引っ張っていく。そこで拷問を受け、死体になって戻ってくる。そんなことが行われていたのです。そういうことが二度とないように、この第三六条で、拷問や残虐な刑罰を禁止しています。

ただし、ここで問題になったのは、「公務員による拷問及び残虐な刑罰」を禁止しているのであれば、死刑は残虐な刑罰に当たらないのかということです。

最高裁判所の判断としては、「残虐な刑罰に該当するとは考えられない」というものでした。ただし、当然ですが、死刑の方法をどうするかということもあります。何日も苦しんで死んでいくような方法は、当然憲法違反になります。なるべく苦しみを与えない方法であれば、憲法違反ではないということです。日本の場合は、死刑は絞首刑で行うことが決められています。

また、たとえ刑事被告人であってもさまざまな権利が認められています。第三七条では、裁判を受ける権利や弁護人を依頼できる権利などが記されています。そして第三八条もかなり細かく容疑者や被告人になった場合の権利が規定されています。

第三八条　何人も、自己に不利益な供述を強要されない。

②　強制、拷問若しくは脅迫による自白又は不当に長く抑留若しくは拘禁された後の自白は、これを証拠とすることができない。

③　何人も、自己に不利益な唯一の証拠が本人の自白である場合には、有罪と

　され、又は刑罰を科せられない。

　自分に不利益な話を強要されない。自白以外何も有罪にする材料がなかった場合、これを有罪にしてはいけないということが決められています。戦前は、容疑者を逮捕したときに、とにかく自白さえあれば他に証拠などなくとも有罪にできたのです。そこで拷問をしたり、精神的に徹底的に追い込んだりして自白を引き出し、本人が認めているのだからといって裁判に持ち込んで罪を確定させるような状況があったのです。そういうことへの反省から、自白だけでは駄目で、他に客観的な証拠がなければ有罪にしてはいけないと決めたのです。

　ただ、それでも憲法は大きな枠を与え、細かい規則は法律で決めているため、その解釈、運用によっては、果たしてそれは憲法の人権意識に照らしてどうなのかという事態も起こっています。

　先に第三四条について触れましたが、「何人も、正当な理由がなければ、拘禁されず、要求があれば、その理由は、直ちに本人及びその弁護人の出席する公開の法廷で示されなければならない」とあるように、正当な理由がなければ拘禁されないことになっているのですが、日本の被疑者や被告人に対する扱いが国際的に非難されることもあります。逮捕された後の勾留期間がとても長く、人権という問題を考えたとき、また憲法に照らし合わせて正しいのかどうかということです。

二〇一八年一一月、日産自動車のカルロス・ゴーン会長が東京地検特捜部に逮捕されたときには、勾留期間が長すぎると、フランス国内で批判的に報道されました。フランスでは、逮捕された容疑者の取り調べの際、弁護士が付き添えるのに、日本では立ち会えないということも驚きをもって受け止められました。フランスの反応を見て、「あれ、日本の制度は非人道的なのかもしれない」と考えるきっかけになったのではないでしょうか。

被告人が罪を認めないと、逃亡や証拠隠滅などの恐れがあるという理由で、裁判所が保釈をなかなか認めない場合があります。被告人や弁護人の立場から見れば、なぜ保釈を認めないのかと不当に思えるケースもあります。

しかし、そこは裁判所の法律の運用の問題です。憲法で「正当な理由がなければ、拘禁されず」という規定であれば、正当な理由があるから拘禁しているという理屈にもなります。

ただし、警察や検察が家宅捜索や捜査をして、証拠となりそうな文書などを押収してあれば、裁判所としては本来、証拠隠滅が理由にはならないはずですが、日本の裁判所は弁護人から裁判所に保釈申請が出ても、検察側がどう考えるか意見を聞きます。検察としては、少しでも自分たちに有利な状況にしたいので、「保釈に反対」と答えます。

そうすると、保釈申請が通ることが少なくなります。また一般の人にとっても、起訴されて被告人になっている人は処罰するべきだという感情が強く、なぜ逮捕されて起訴された人が自由な身の上になるのかといった思いを抱く人が多いのかもしれません。日本では推定無罪の原則がなかなか根づいていないとも言えます。

そうすると、自由や権利が脅かされていると思うようなことが起こったとき、私たちがそれを守るためにどういう意識で、どう行動するかが問題になってくるでしょう。日本国憲法は自分たちのものであり、第一二条にあるように、「憲法が国民に保障する自由及び権利は、国民の不断の努力によつて、これを保持しなければならない」わけですから、私たち自身が自由や権利を守るための意識をきちんと持っていく必要があるのです。

コラム 死刑存置国と廃止国

国際人権ＮＧＯアムネスティ・インターナショナルの調べによると、二〇一七年現在、すべての犯罪に対して死刑制度を廃止している国は、世界で一〇六か国です。さらに死刑制度はあっても、一〇年以上刑の執行をしていない国を合わせると、事実上、一四二の国が死刑を廃止しています。

それに対して死刑制度を存置している国は五六か国です。なお、存置国であるアメリカは、州ごとに法律が異なっていますから、死刑を廃止している州もあります。アメリカ五〇州の内、一九の州が廃止、三一の州が存置しています。しかし存置している三一の州でも一一の州が一〇年以上死刑を執行していません。

死刑を存置している国の中で二〇一七年に刑を執行したのは二三か国。この二三か国には、日本も入っています。では、日本以外はどういった国でしょう。以下にまとめます。

アフガニスタン、アメリカ、アラブ首長国連邦、イエメン、イラク、イラン、エジプト、クウェート、サウジアラビア、シンガポール、ソマリア、中国、朝鮮民主主義人民共和国（北朝鮮）、バーレーン、パキスタン、パレスチナ、バングラデシュ、ベトナム、ベラルーシ、マレーシア、南スーダン、ヨルダン。

この国の顔ぶれから、あなたはどんな印象を持たれるでしょうか。

第四章

憲法改正って何をどう変えるの？

憲法を変えるべきか、変えないでいいのか

憲法が私たちの暮らしに大きく関わっていることをここまで見てきました。

たとえば社会保障制度によって、病気になったとき医者にかかる費用が抑えられるのも、年金や生活保護の制度があるのも、憲法で「生命、自由及び幸福追求に対する国民の権利」（第一三条）が認められ、「すべて国民は、健康で文化的な最低限度の生活を営む権利を有する」（第二五条）からです。「学問の自由」（第二三条）が保障されていることで、私たちはいろいろな勉強ができます。これも憲法があるからです。こうして憲法があることによって、さまざまな場面で日々私たちは安心して過ごすことができるのです。だからこそ憲法は大事なのです。けれど、大事だからといって、その憲法を何が何でも変えてはいけない、ということではありません。

憲法に憲法改正のための手続きが定められているということは、憲法を変えてもいいし、そのための議論をしてもいいということが大前提になっています。まず、いまとは違う憲法が必要だと考えることも、日本国憲法第一九条にこう記されているわけですか

ら、当然問題ありません。

第一九条　思想及び良心の自由は、これを侵してはならない。

どんな考えや思想を持つことも自由で、それを邪魔されることはないわけですから、憲法を変えようと思っても構いません。そして、その考えを口にして議論することも自由です。「表現の自由、言論の自由」（第二一条）もあるわけですから。自分の考えを発表して議論をする。それこそが戦前の日本の社会で足りなかった、いや、戦争末期にはできなかったことです。

ただ、憲法についてはそもそも、変えてはいけない、変えなければいけない、ということではないはずだよね。私たちにとって大事なことは何なのか。そして、それは憲法によって保障されているのだろうか。もし保障されていなければ変える必要があるのではないか。そういう考え方で見ていくことが大事なのです。

憲法というのは、国のかたちを決めるものです。どういう国であるべきか、この国に住んでいる人たちがどういう社会をつくり、何を目指すのかが憲法には定められているからです。憲法で定められている国民の自由や権利は、私たちはもちろん、私たちの代表である議員、そして公務員など、権力を持っている人たちがそれを守るために働くように決められています。ですから憲法は権力者が守るものと言われるのです。

戦前などは、自由や権利が認められていない状態がありました。それがいま、憲法の下でいろいろな権利が認められました。第九七条にはこうあります。

> 第九七条　この憲法が日本国民に保障する基本的人権は、人類の多年にわたる自由獲得の努力の成果であつて、これらの権利は、過去幾多の試錬に堪へ、現在及び将来の国民に対し、侵すことのできない永久の権利として信託されたものである。

もし私たち一人ひとりの権利が脅かされたり、守られていなかったりするようなことがあれば、私たち自身が主張していかなければいけません。自由や権利を守るには、「国民の不断の努力」（第一二条）が必要なのです。これまできちんと権利を主張してきた人たちがいたからこそ、いまもその権利や自由が守られているわけですね。だからこそ、憲法で保障されている権利や自由が守られていないとすれば、それは問題にしていかなくてはなりません。

たとえば二〇一四年、埼玉県さいたま市の公民館の「公民館だより」に掲載される予定だった「梅雨空《つゆぞら》に『九条守れ』の女性デモ」という俳句が公民館側に拒否されました。

その理由は「公民館の意見と誤解される恐れがある」というものです。

公民館というのは、社会教育法という法律に則って、地域に住む人たちの教育の向上のために設置されています。この俳句は、公民館での俳句教室内で発表されたもので、教室に参加している人たちがそれぞれいい作品を選んでそれを公民館だよりに掲載していたんです。

ところが、公民館はこれを政治的な発言と捉えて、さまざまな意見を持った人たちがいるなか、公民館が特定の意見の肩を持ったようになるのはよくないということで掲載しないことにしたわけです。その結果、裁判になり、二〇一七年にさいたま地方裁判所、二〇一八年に東京高等裁判所の双方でさいたま市が敗訴して、作者に賠償金を払いなさいという判決が出ています。ただ、俳句を「公民館だより」に載せてほしいという作者の要求は退けられています。

その後、俳句の作者もさいたま市も最高裁判所に上告しましたが、二〇一八年一二月二〇日、最高裁は双方の上告を棄却し、市側の賠償が確定しています。

公民館は、公的な場所ですから、営利活動や、特定の政党や宗教を支持する活動をしてはいけません。ですが市民が公民館で、憲法を守ろうという集会を開催しても、憲法を改正しようという集会を開いても問題はないはずです。表現の自由は憲法で保障されているわけですから、誰かを誹《ひ》謗《ぼう》中《ちゅう》傷《しょう》したり、差別的であったり、暴力的な言動でない限り、意見を発信することを止めることはできないはずです。日本ではそういう意識が足りないところがあるようです。

そもそも公務員には、「この憲法を尊重し擁護する義務」（第九九条）があります。その公務員が、「九条を守れ」というデモを詠《うた》った俳句の掲載を拒否する。これをどう捉えたらよいのでしょう。

日本国憲法は押しつけられたもの!?

一方、日本国憲法がつくられてから長い年月が経っています。つくられた当時は想像もつかなかった問題が出てきたり、また社会状況も変化したりしています。いまの社会で法律を変えるだけでは足りないような問題があれば、憲法を変える必要があるかもしれません。それを考えていくのも、私たち一人ひとりなのです。変えてはいけない、変えなければいけない、ということではなく、私たちにとって大事なことは何なのかを考えることなのです。

近年、憲法を変えようという声が、安倍晋三元首相と自民党を中心に高まりました。それはどうしてなのか、ここから見ていきましょう。

一九四五年八月一五日、日本はポツダム宣言を受諾して、連合国に降伏します。アメリカを中心とした連合国によって日本の民主化が進められます。その民主化のための大きな柱の一つが大日本帝国憲法の改正でした。GHQ（連合国軍総司令部）の指令で日本政府は「憲法問題調査委員会」を発足させ、改正案を検討しますが、抜本的な改革をする気がないことに業を煮やしたダグラス・マッカーサーが、改正草案をつくるようにアメリカ側の部下に命じた話は、前に取り上げましたね。

アメリカの草案を元にしてつくられたのが日本国憲法だから、アメリカから押しつけられたと主張する人たちがいます。これが「押しつけ憲法論」と呼ばれる考え方です。しかし、そのアメリカ側の草案を日本もそのまま採用したわけではないのです。まず、GHQの民政局のスタッフたちは、日本のいろいろな民間団体や学者たちがそれまでにつくっていた憲法改革案を参考にしていました。

また、草案をめぐる審議の際は、日本側とアメリカ側は互いの言い分を主張し合いました。たとえばアメリカ側の草案では、議会を一院制にしようとしていたところを、日本側は二院制が必要だと主張しました。その結果、日本側の主張が通り、衆議院と参議院という、いまも続く制度となったのです。このように日本側の主張も通して最終的な憲法草案はつくられたのです。さらにそれを国会で議論して修正を加え、手続きを踏んで日本国憲法は公布、施行されました。確かに最初は押しつけられたと言えるかもしれません。しかし最終的には日本の責任で決めたということなのです。

もちろんいまの憲法に対して、押しつけられたので気に入らない、だから改正するのだという意見があっても構いません。ただ、アメリカ側の草案に修正も入れ、それを選挙で選ばれた議員たちが審議して採択したわけです。そしてその後、この憲法をそのままでよいとして多くの日本人が選択し続けてきた歴史があることもまた一つの事実なのではないでしょうか。

憲法改正論の源

こうした流れの中で決められた憲法に対して、とりわけ押しつけ憲法だと言ったのは、たとえば岸信介《きしのぶすけ》です。岸は戦前の東条英機内閣では商工大臣を務めていました。戦後、A級戦犯として逮捕され、巣鴨《すがも》プリズン（東京の巣鴨にあった戦争犯罪人の収容所）に入ります。しかし一九四八年、不起訴のまま出所が許されます。ただしその後も公職追放処分が続いたため、表立った政治活動はできませんでした。岸は自分が巣鴨プリズンに入っている間に施行された憲法に対して不満があったようです。だから自分たちの手で新しい憲法をつくりたいという思いを強く持ったのでしょう。その後、一九五一年に日本はサンフランシスコ講和条約と日米安全保障条約に調印し、翌年の発効によって主権を回復します。これで公職追放の処分が解けた岸は、政治活動を再開させます。岸は自主憲法制定を政治理念の一つとして掲げました。

そして一九五五年、岸が所属していた日本民主党と自由党が一緒になって自由民主党が結党されます。これがいまも続く自由民主党になるわけです。この日本民主党は、一九五四年に鳩山一郎が中心になってつくった政党でした。鳩山は、元々は自由党に所属していましたが、ワンマンで知られていた吉田茂と袂《たもと》を分かち、新しい政党をつくったのです。

しかし一九五五年になると、左右に分裂していた日本社会党が統一されます。この革新勢力に対抗するため、同じ保守を掲げる自由党と日本民主党が統一したのです。当時は、革新と呼ばれる社会主義勢力と、それまでの政治体制を維持しようとする自由主義、あるいは保守的な勢力との争いが世界的にも広がっていました。東西冷戦と言われる時代です。この世界状況が日本にも影響を及ぼしていました。

自由主義の国アメリカは、アジアで多くの国が独立する中で、ソ連や中国という、社会主義勢力の影響が拡大することを恐《おそ》れていました。社会主義勢力の伸長をどうにか日本で留《とど》めたいというアメリカの思惑が働いていたのです。日本でも一九四七年には、総選挙で第一党になった日本社会党の委員長である片山哲《かたやまてつ》が内閣総理大臣になっています。いまでは想像がつかないかもしれませんが、当時の日本にもアメリカにも、日本ももしかしたら社会主義の国になるかもしれないという危機感が存在していたのです。こうして日本の中でも勢いを増していた社会主義勢力を抑える必要があると考えたアメリカ、また日本国内でもそれをよしとしない保守的な考え方を持った人たちの政治勢力の利害が一致していました。

憲法改正が争点にならなくなった戦後日本

統一された日本社会党は、憲法改正反対や非武装中立の立場をとり続けます。要は憲法を守り、第九条にあるように武力を持たず、他国の紛争などに中立・公平であるという姿勢です。

こうした日本社会党の動きに対して、保守勢力である自由党と日本民主党も統一して政党をつくろうとしたのです。これを保守合同と呼び、自由民主党が結成されます。統一のとき党名を、「民主自由党」にするか、「自由民主党」にするか、意見が分かれたそうですが、結局、自由民主党のほうが語呂がいい、ということになりました。

それはともかく、これ以降の政治状況は、この年にちなんで五五年体制と言われます。この体制は、一九九三年の総選挙で自由民主党が衆議院の議席数の過半数を割り込み、日本新党代表の細川護熙《ほそかわもりひろ》氏による自由民主党以外の八党派の連立政権が成立するまで続きました。

この五五年体制は、改憲を目指す自由民主党を中心とした保守勢力が議席の過半数、改憲を許さない日本社会党を中心とする革新勢力が約三分の一の議席を確保することで均衡を保ってきました。

自由党と日本民主党は、同じ保守政党でも細かな点では考え方が違う部分がありました。その両者が同意できる大きな政策が、憲法を改正して自主憲法を制定しようという点だったのです。安倍首相が自由民主党は結成以来、憲法改正を党是、つまり党の方針に掲げている、とよく言っていたのは、それ故なのですね。

考えてみると、本来は政権を握っている与党が憲法を守ろうと言い、野党こそ憲法を変えるべきだと言いそうなものだよね。ところが日本は、ねじれた状況が当時からずっと続いてきたんだね。外国から見ると、不思議な構図だったかもしれません。

選挙が行われても野党は過半数には届かない。その一方、自民党も憲法改正をするための国会での発議に必要な「各議院の総議員の三分の二以上の賛成」（第九六条）を得る議員数を獲得できない。こういう政治状況が続いてきたんだね。

それでも政権与党である自民党にしてみれば、両議院での三分の二の議席確保が無理であっても、与党であるというだけでうまみがありました。無理に憲法改正といって選挙戦を争う必要もなかったわけです。日本社会党を中心とした野党の側も、過半数は取れないけれど、三分の一の議席を確保しているので、憲法改正は阻止できるという状態が続きます。そうするうちに、それぞれがその状況に安住してしまいました。

大きな分岐点の一つが、世の中が大きく揺れた、一九六〇年の日米安全保障条約の改定をめぐる反対闘争です。この安保改定は、一九五一年に結ばれた日本とアメリカとの安全保障条約を新たなものにするのが目的でした。この新条約によって日本がアメリカとの軍事同盟を強化する。それではアメリカの戦争に日本も加わるのではないか。そんな心配から、野党はもちろん市民も大規模な抗議運動を展開します。当時の首相は、岸信介。岸は議場に警察官を入れ、反対する野党議員を排除し、自民党単独でこの改定案を可決します。国会周辺は「安保反対」のデモ隊に包囲され、一九六〇年六月一五日には、デモに参加していた東大生の樺《かんば》美智子《みちこ》さんが死亡するという事件まで起こりました。

その後、安保条約は、衆議院の議決を国会の議決とする自然承認というかたちで発効することになります。岸内閣はこのタイミングで退陣。このときの日米安保条約は期限が一〇年でした。つまり一九七〇年に改定期を迎えたのですが、このときも安保反対の学生運動が盛り上がったため、自民党政府は改定を諦め、自動延長にしました。これ以降、両国のどちらかが「条約破棄」を申し入れれば、一年後に破棄されることになっていますが、いまも自動延長が繰り返されています。

岸の退陣によって、首相となった池田《いけだ》勇人《はやと》は、「所得倍増計画」などによって、「政治の季節」から「経済の季節」への転換をアピールします。世は高度経済成長の入り口に立っていました。もう政治のことはいいからとにかく少しでも豊かになりたい。そういう時期に憲法の話はいいじゃないかという流れが強くなっていったんですね。さらに言うと、日米安保条約によってアメリカ軍の駐留が認められることになっているわけですから、何か周辺で問題が起こっても、アメリカ軍が守ってくれる。あまり難しいことは考えないで、最低限の防衛費だけで、あとは経済をがんばって生活をよくしよう。こういった意識で戦後の日本の社会構造はできあがってきたのです。その結果、憲法改正を党是とする自民党も、無理に憲法改正を目指すことはしないでおこうという状態が続いていました。

変化する社会と世界情勢の中で

その政治状況が変化します。五五年体制が崩れるのです。一九九三年、自民党の分裂によって、自民党から飛び出した人たちがいて、選挙の結果、自民党は過半数を割り込みます。非自民党の八つの政党や政治グループが集まれば過半数を確保できる計算になったことから、これらの党派が集まり、日本新党という小さな政党の細川護熙代表を押し立てて、非自民の連立政権である細川護熙内閣が誕生します。この頃から新しい政党が現れては消えを繰り返します。その後、いったいいくつの政党が新しく生まれ、そして消えていったことか。全部を正確に言える人は、なかなかいないでしょう。

五五年体制は、いわば東西冷戦の国内版でした。第二次世界大戦後、世界はアメリカを中心とした西側諸国と、ソ連を中心とした東側諸国に分かれて対立します。自民党は西側、一方、社会党や共産党は東側という対立構造が日本国内でもできあがります。

ところが、東西冷戦が終わると、国内の対立軸も壊れます。社会党は「安保反対」や「自衛隊は憲法違反だ」と声高に言わなくなり、やがて社会民主党になります。この過程で社会党から飛び出した人たちが合流して民主党が生まれ、さらに民主党が分裂。非自民の保守勢力が生まれます。「社会主義」を主張する政治勢力はどんどん小さくなりました。

そして安倍晋三氏が首相になりました。

安倍元首相は、祖父である岸信介の遺志を継ぎ、岸ができなかった憲法改正を成すことで、岸を超えるような足跡を残したいという思いが強いようです。二〇〇六年に成立した第一次安倍政権では、「戦後レジームからの脱却」というスローガンを掲げました。

「戦後レジーム」とは、不思議な言葉ですね。「レジーム」とは体制あるいは旧体制を意味します。つまり第二次世界大戦後の体制を指します。ということは、ポツダム宣言を受諾して生まれた戦後の日本の体制すべてを指すのか、それとも連合国による占領期に成立した日本国憲法のことなのか。あるいは、日米安全保障条約のもとの日米関係を見直すのか。

戦後レジームには、多種多様なものが含まれるのですが、その後の安倍元首相の言動を見ていると、日米安保条約など対米関係の見直しは考えていないようです。アメリカとはこれまで通り友好関係を維持するけれど、「アメリカによって押しつけられた日本国憲法」は改正したいという意味なのです。

先にも触れましたが、安倍元首相もたびたび発言しているように、自民党は結成当初の時代から、憲法改正と自主憲法制定を党是としています。

また、自民党とその考えを支持する人たちも脈々とここまで勢力を保ってきています。

さらに近年は北朝鮮がミサイルを発射したり、核実験をしたり、中国の海洋進出が進んだりしているという周辺状況の大きな変化があります。だから憲法、特に第九条を変えて自衛隊のあり方をもっと具体的にしたほうがいいと、保守勢力は言いやすくなりました。いままでは憲法改正はしなくてもいいと思っていた人たちの中からも、社会や世界情勢が変化する中で、憲法あるいは第九条を改正してもいい、と考える人たちが出てきます。

東西冷戦の崩壊は、日本国内ばかりでなく、国際情勢に大きな変化をもたらしました。対立を続けてきた西側のアメリカのブッシュ（父）大統領と東側のソ連のゴルバチョフ書記長が一九八九年に会談を行い、冷戦の終結を宣言。その後ソ連が崩壊します。それまでは東西冷戦が続く中で、核兵器が有効だと考えられていました。西側も東側もそれぞれが核兵器を持っている国が核を持っていない国を含めたグループをつくり、抑止力を働かせていました。核兵器を持っている国に守ってもらうことで、敵の核ミサイルから身を守る。まるで核という傘に入っているようなものだというので「核の傘」と呼ばれました。もしそれぞれのグループの国に攻撃があれば核戦争になってしまいますから、お互いが牽制《けんせい》し続けることで均衡をはかっていたわけです。

それがソ連が崩壊し、東側に属していた東ヨーロッパの多くの国の民主化が進み、政治体制が変化します。ソ連が崩壊してロシアが誕生しますが、東側のグループをそれまでのように維持することはできませんでした。東側の結束は崩れ、ロシアもそれまでほどの影響力を保てなくなります。その結果、それまでのバランスが崩れ、地域紛争が勃発することになります。

アメリカとソ連が対立する中でアメリカ側のグループにいた日本は、その核の傘の抑止力の下にあったわけですから、自国の防衛について、切実に考えなくてよかったのです。それが東西冷戦が終わり、変化していきます。

まず冷戦終結後は、アメリカの一極体制になります。その後、二〇〇一年のアメリカの同時多発テロに対抗して息子のブッシュ大統領は、アフガン紛争、イラク戦争へと突入します。しかし、これらの戦争の長期化による失敗以降、アメリカの世界に対する影響力は弱まりました。さらに次のオバマ大統領は、「アメリカは世界の警察官ではない」と発言しました。世界におけるアメリカの影響力が、それまで強かっただけに、こうして弱まっていくことで、それまでも存在していた問題が表に出てくるようになったとも言えるでしょう。

そしてトランプ大統領の誕生です。これまでのアメリカであれば、その政権が民主党の大統領か、共和党の大統領かで、それぞれがどのように動くのかはおおよそ見当がついたところがあります。ですがトランプ大統領にはこれまでの常識は通用しません。政治を「ディール（取引）」で考える大統領です。日本にとってこのアメリカは頼りになるのか、それともならないのか。不安材料が生まれました。

そして中国の海洋進出や北朝鮮の核がアジアの中で大きな問題になっています。このような状況下で、日本はアメリカに頼らず、もっと独自の軍事力を持たなければいけないのではないかと思う人が増えてきたのは確かでしょう。

改憲へと今後進んでいくのか

それでも憲法改正についての世論調査の結果は、賛成と反対がほぼ半々です。憲法を改正しようという勢力が圧倒的なわけではないのです。ただ、それでも国会の状況は違います。自民党と公明党の与党と他の改憲勢力の党を合わせると、衆議院では三分の二を占めます。三分の二という数字は、憲法改正に大きく関わってきます。憲法は、どういう条件で改正ができるのか、第九六条で決められています。

第九六条　この憲法の改正は、各議院の総議員の三分の二以上の賛成で、国会が、これを発議し、国民に提案してその承認を経なければならない。この承認には、特別の国民投票又は国会の定める選挙の際行はれる投票において、その過半数の賛成を必要とする。

②　憲法改正について前項の承認を経たときは、天皇は、国民の名で、この憲法と一体を成すものとして、直ちにこれを公布する。

議席数を見ると、二〇二一年一一月現在、国会での憲法改正を発議できる条件は衆議院では満たしています。参議院では三分の二に達していませんが、二〇二二年夏の選挙結果でどうなるかわかりません。さらに世論調査では賛成反対は半々です。どうなるかは予測がつかないと言えるでしょう。

しかし日本人のメンタリティを考えると、国会での議論のあと、もし改正が発議され、憲法を変えようということになれば、国会で決まったことだからと、改正へと意見が流される人が出てくる可能性は高いでしょう。

また、現状の「国民投票法」（日本国憲法の改正手続に関する法律）では、「公職選挙法」とは違い、投票日の二週間前まではいくらでも費用をかけて宣伝することが可能です。そのため、憲法を変えなくてもいいという思いを持っている人でも、もし朝から晩までテレビなどで憲法改正を主張するＣＭが流され続けた場合、考えを変える人が出てくるかもしれません。

こうした問題をはじめ、国会での議論をどう伝えるかは、メディアの側にも大きな責任があります。ですが本来、憲法は自分たちの暮らしに密接に関わっているものですから、私たち一人ひとりが責任を持って憲法について考えていかなければいけません。そこで、ここからは、憲法改正をめぐる主張や動きを見ていきましょう。

具体的に憲法の何をどう変える必要がある？

自民党が既に改正草案を出していることから、改憲というと、憲法のすべてを変えるといったイメージがあるかもしれません。しかし、そういうわけでもないのです。

以前「お試し改憲」という言い方が話題になったことがあります。プライバシー権を憲法に明記したり、緊急事態条項をいまの憲法に加えたりするなど、自民党以外の党も内容に合意しやすく、国民も理解しやすい条項だけでもまずは憲法を変えてみようという発想でした。まずは戦後一度も変えたことがない憲法を、どれか一つの条文だけでもいいから変えてみようということです。一度変えれば、「なんだ、憲法を変えることができるではないか」、「変えても問題ない」、「憲法を変えるのも案外簡単だ」といった人たちが増え、改憲への意識が変わることを狙っての「お試し改憲」。そんな改憲側の意識が透けて見えると護憲を主張する側は批判しました。

今後、与党と改憲勢力がどのような内容で国会での改憲の発議へと持っていくかが注目されていますが、憲法のすべてを変えることが選択肢ではありません。第九六条で規定されているのは、国会で発議し、国民投票にかけるということだけです。憲法のすべてを変えるかどうかも含めて、国会でどのような改憲案が発議されるかにかかっています。

当然一つの条文だけを変更することも可能です。国民投票では、第何条をこのように変更することに賛成ですか、反対ですかというかたちになります。たとえば憲法九条の2項の後に「自衛隊を持つことができる」と書き込むことに賛成ですか、反対ですかという内容になります。

ここでも例として取り上げましたが、改憲というと第九条をどうするかばかりが話題になってしまいます。しかし、先に触れたように、時代の変化とともに国民の生活にそぐわないところがあり、それに対応しないといけないから変える必要があるのではないか、という議論があってもよいのではないでしょうか。

LGBTの結婚は憲法問題

たとえばいまの憲法で改正を議論すべき条文は第九条以外でも考えられます。

ＬＧＢＴ（性的少数者）の問題が以前に比べて随分取り上げられるようになりました。これはずっと存在してきた問題なのですが、性的少数者は差別されたり、忌避されたりしてきました。それが近年ようやく、彼らへの差別の問題を改善しようとする流れが社会的に生まれてきています。これこそ憲法ができた頃には想定されていなかったことでしょう。それは第二四条の規定です。

> 第二四条　婚姻は、両性の合意のみに基いて成立し、夫婦が同等の権利を有することを基本として、相互の協力により、維持されなければならない。
>
> ②　配偶者の選択、財産権、相続、住居の選定、離婚並びに婚姻及び家族に関するその他の事項に関しては、法律は、個人の尊厳と両性の本質的平等に立脚して、制定されなければならない。

ここには、「婚姻は、両性の合意のみに基いて成立」とあります。つまり同性同士の結婚が認められるかどうかというと、「両性の合意のみに基いて」の規定が引っかかってくるのです。男性と女性が結婚する場合は、二人の合意があれば可能です。昔は親が決めた結婚というものがあったのだけれど、いまは、当人同士が望んでいれば結婚できることを憲法で認めているわけです。憲法ができた戦後の時点では、親が決めた結婚でも当人が望んでいなければしなくともいいんだという考えは、一つの「自由」だったのです。

しかしいま、当時は考えつかなかった社会的な変化が起こり、同性同士の結婚も問題がないという意見が少しずつ増えてきているのではないでしょうか。しかし「両性の合意」という規定では、男性と女性の結婚が前提になっていて、同性婚は憲法で認められていないという見方が一般的な判断です。

そのため、東京都渋谷区は、「渋谷区男女平等及び多様性を尊重する社会を推進する条例」に基づきパートナーシップ証明書を交付しています。同性婚を認めているわけではありませんが、「同性婚という関係」が存在していることを追認したのです。

どうしてそういうことをしたのか。男性同士や女性同士で一緒に暮らしていて、たとえば、どちらかが重い病気になって入院をしたとします。パートナーが付き添ったり、見舞いに行ったりしようとすると、病院の人から「家族の方以外は面会謝絶です」などと言われる。同性のパートナーは家族ではない、愛している人の付き添いができない、見舞いに行けないというのはとてもつらいことでしょう。あるいは子どものいない異性婚であれば、パートナーが亡くなったとき、特に遺言がなければ自動的に配偶者が遺産を相続します。しかし法的な結婚ができない同性の二人は、遺言をきちんと残さない限り相続もできないわけです。

　世界では近年、同性のパートナーたちに異性婚と同様の権利を認めるべきだという流れが生まれ、制度化されている国も増えています。渋谷区の制度もそうした流れに沿って、渋谷区内に住んでいる同性のパートナーたちが、できるだけ異性婚の人たちと同じように暮らせるための試みなのですね。

　さらに、性的少数者の場合、肉体的には男性だけれども心は女性であったり、肉体的には女性だけれども心は男性であったりと、いろいろなケースがあります。そのとき、その人の「性」というのは何なのかということになります。もちろんその人が自認する「性」がその人にとっての「性」ではあるのだけれど、戸籍に記載がある「性」をどうするかといった問題があります。

　一方、現状の憲法でも、「両性」は男性と男性でも、女性と女性でも問題ないという意見もあります。憲法で保障されている「基本的人権」（第一一条）、「幸福追求」（第一三条）、「法の下の平等」（第一四条）が、同性同士であろうとも、基本的人権は当然認められているわけで、その人が同性愛者だからといって差別されることなく、その人が求める幸福を追求する権利がある。だからこの「両性」は、男性と男性、女性と女性でも問題がないという考え方です。

憲法の規定というのは大枠を示すだけのことも多く、実際の運用に関しては、法律で細かく規定するようになっていると話しました。しかしこの場合、憲法にある「両性の合意」をどう解釈するかで議論するより、「当事者双方の合意」に改憲してしまえば、それが男女であろうと、同性同士であろうと、結婚はそれぞれ互いの当事者同士の合意に基づいてできることになります。こういった議論もありうるでしょう。

改憲勢力の本音

結局、いまの改憲の議論は、第九条をめぐるものが多くを占めているので、他の条項についての議論が活発にならないのです。

自民党の憲法改正草案には、「全て国民は、この憲法を尊重しなければならない」とあります。この条文は現行憲法には対応する箇所がないもので、自民党が新たに加えようとしているものです。国民に対して憲法尊重を課そうというのです。ちょっと待ってください、憲法は権力者が守るべきもののはず。国民の権利や自由を尊重する気がないことが表れているようにも見えます。

そんな意識の保守勢力は、性的少数者のことは目に入っていないのかもしれません。第九条が時代に合わない、激変する世界情勢に合わないというのであれば、性的少数者の結婚の問題を考える上で、第二四条の「両性の合意」という文言《もんごん》も世界と社会の変化や時代に合わないのではないでしょうか。結婚は男女がするものだと保守の人たちは思っていて、「同性婚など認めてしまったら、日本の国柄はどうなってしまうんだ」と考えているのかもしれません。

安倍元首相が高く評価し、選挙で当選しやすい比例代表トップに据えた国会議員が、「ＬＧＢＴには生産性がない」と発言したように、ＬＧＢＴに関する改正には反対なのでしょう。

こう見てくると、とにかく憲法改正という世論を盛り上げるために、「環境権がない」、「教育の無償化を盛り込もう」といった、誰もが賛同しやすい話題ばかりを掲げているのではないかと思えてしまいます。

たとえば、環境権にしても、生活をする上で環境問題が重要だということは、当然ですがこれまでも考えられてきました。いまの憲法の中でも、第一三条で「すべて国民は、個人として尊重される。生命、自由及び幸福追求に対する国民の権利」も尊重されることになっています。

そして二五条でも生活環境については記されています。

第二五条　すべて国民は、健康で文化的な最低限度の生活を営む権利を有する。

②　国は、すべての生活部面について、社会福祉、社会保障及び公衆衛生の向上及び増進に努めなければならない。

この「健康で文化的な最低限度の生活」をするためには、環境は重要なはずで、そのような考え方から、既に環境基本法もあるわけです。既にいまの憲法への解釈の範疇《はんちゆう》で環境問題には対応できるはずなのです。それにもかかわらず、「新しい考え方だから、改憲の際はこういう環境に配慮するための条文を入れます」といって改憲すれば、生活環境に配慮が行き届くようなイメージで改憲への世論を喚起しようとしているようにも思えてしまうのです。

あるいは、教育の無償化についても、民主党政権下で高等学校の無償化をしました。ですから憲法を改正しなくとも、法律でいくらでも対処が可能なのです。第二六条には、このように記されています。

第二六条　すべて国民は、法律の定めるところにより、その能力に応じて、ひとしく教育を受ける権利を有する。

②　すべて国民は、法律の定めるところにより、その保護する子女に普通教育を受けさせる義務を負ふ。義務教育は、これを無償とする。

この第二六条の規定は、「法律の定めるところにより」となっているわけですから、あくまで法律で細かいことを決めていけばいいのです。

憲法というのは、本来守るべきことや原理が記されているわけであって、あまり細かい取り決めまではしていないのです。細かい制度的なことは法律で決めるようになっています。たとえば、大学まで教育無償化をするという場合、想定しているのは四年制大学なのでしょうけれど、では六年制の医学部や薬学部はどうするのか。逆に期間が短い短期大学はどうなのでしょう。また、専門学校は含まれるのか。いくらでも決めるべき細かいことがあります。そういうことは法律で定めればいい話なのです。

さらにいま、既に私立学校は助成金の制度があります。私学の助成金を増やせば、結果的に教育の無償化になり得るわけです。

環境権や教育無償化を憲法に盛り込むというとき、いまの憲法で運用できている点を見ずに、憲法を変えることばかりに目がいっているようにも思えます。

国のかたちを示す憲法

こうして考えてみると、法律でできることは法律でするべきとも言えます。しかし憲法には、憲法にしかできないことがあります。憲法にできるのは、大きな枠を示すことです。その大きな枠を変更してしまうと、それに付随したあらゆる法律に影響を与えることになるのです。

教育の無償化をもし憲法で決めた場合は、教育についての原則を定めた教育基本法から始まって、さまざまな法律を変える必要が出てくるでしょう。環境権を憲法に盛り込むのであれば、環境基本法はどうするのか。

憲法があってその下に法律がある。その間をつなぐのが基本法と呼ばれる法律ですね。たとえばここで出た環境基本法や教育基本法があります。憲法を変える前にこの基本法を変えることでも対応できることはたくさんあるでしょう。憲法というのは、「私たちの国はこういう国なんです」という宣言をして、世界にアピールするものでもあるのです。国のかたちを示す憲法に、あまり細かいことまでは書く必要がないのです。

ＧＨＱが憲法改正の草案をつくる際、女性の権利について担当した、ベアテ・シロタ・ゴードンは、最初はたとえば予防接種をするなど、女性や子どもを守るために細かいことをたくさん提案したそうです。すると上司から、細かいことは法律で決めればいい。憲法に書く必要はない。具体的にどうするかは、日本国民が決めればいいことで、こちらから押しつけるべきではないと言われて、考えて書いた細かな案は削除されたそうです。

細かいことは法律で決めるべきで、大枠を示すのが憲法なのです。第九条の解釈をどうするかでずっと議論が続いてきたのも、ある意味では憲法の特性を示しているとも言えます。それは、大きな枠だからこそ解釈次第で如何ようにもとることが可能な場合があるからです。

たとえば、第九条には、「陸海空軍その他の戦力は、これを保持しない」と規定されているにもかかわらず、自衛隊がある。第二五条では、「すべて国民は、健康で文化的な最低限度の生活を営む権利を有する」と書いてあっても、たとえば生活保護でエアコンを持つことは問題ない、では車は持ってもいいのか、パソコンや携帯電話はどうなのかといったことは、憲法に書いてはいないし、書けないでしょう。時代によって「文化的な最低限度の生活」は変化するものですから。どうしても大きな枠だから、解釈が入り込む余地が憲法にはあります。ですが、だからこそ大切なことが謳えるわけです。

解釈次第で諸刃《もろは》の剣《つるぎ》にもなる憲法

ただ、解釈が可能だからこそ問題がある場合もあります。

いま、特に取り上げられるのは、第一八条です。

第一八条　何人も、いかなる奴隷的拘束も受けない。又、犯罪に因《よ》る処罰の場合を除いては、その意に反する苦役に服させられない。

近年、国会では徴兵制度を将来導入すべきかどうかという議論があります。集団的自衛権が、要件を満たせば限定的に認められるようになりました。これによって自衛隊の活動域も広がっています。そのため、たとえば国連のＰＫＯ（平和維持活動）をはじめ、自衛隊がどこか海外で活動する際、自衛隊員が誰かを殺してしまったり、あるいは殺されたりすることがあるかもしれません。そんな自衛隊へ入るのは嫌だという人が増えて自衛隊員が減った場合、自衛隊の人員を確保するため徴兵制を導入するのかという議論です。

これに対して安倍首相は、「徴兵制を導入することはありません」と言っていました。

歴代の内閣も徴兵制を導入することはないと言ってきました。その根拠がこの第一八条なのです。

いかなる人も「奴隷的拘束も受けない」、「意に反する苦役に服させられない」と憲法で決められているから、徴兵して兵役に就かせることはないというのが答えなのです。

ところが、防衛大臣を務めたこともある自民党の石破茂氏は、この判断に異を唱えています。国を守るという崇高な任務が「奴隷的拘束」であり、「苦役」なのかというわけです。「徴兵制は奴隷的拘束でも苦役でもない。この根拠はおかしい」というわけです。つまり、歴代の内閣の解釈はいざとなれば簡単に変更される可能性があります。実際に自衛隊員の不足が問題になるような社会状況、周辺状況になれば、世論も変化するでしょう。第一八条を根拠に徴兵制を採用しないという考えは、内閣の解釈によっては変えられるわけですから。自衛隊の仕事は国を守るための崇高な任務であり、苦役ではないというふうに解釈が変更され、徴兵制の導入もあり得るかもしれません。

では、世界はどうなっているでしょう。世界の潮流は、徴兵制廃止の方向に進んでいる国と、徴兵制を復活させた国と両方があります。

たとえばドイツの場合は、徴兵制がずっと存在してきました。ですが、宗教的な理由や本人の意思で人を殺すのは嫌だ、武器を取るのは嫌だといって徴兵忌避をする人たちがいました。徴兵の代わりにボランティア活動をする制度もありました。そこで現在のドイツは徴兵制を廃止しています。いまは軍隊が近代化していて、コンピューターを使うのは当然ですし、兵器の技術も高度化しているからです。そんな状況では、いきなり素人が兵隊になっても武器も使いこなせませんよね。プロの兵隊に任せたほうが効率がいいわけです。このように世界的には、軍隊は志願制でプロを養成するというかたちのほうが主流になってきていました。

ところが二〇一八年、フランスのマクロン大統領が徴兵制を復活させると発言しました。フランスは近年、テロ対策で、国内のさまざまな場所に警備のために軍隊を配備しています。だから軍人たちは仕事が多く、疲れている人たちがたくさん出てきています。そこで全員というわけではないけれど、一六歳以上の人に短期間の徴兵制で軍隊に入ってもらい、武器を持たず軍隊を支援する活動（奉仕活動）をやってもらおうというわけです。

スウェーデンも徴兵制を復活させました。これはロシアの脅威から国を守るためです。ロシアがバルト三国に対する圧力を強め、スウェーデンの目と鼻の先の海で大規模な軍事演習をするようになりました。このロシアの動きに危機感を募らせたスウェーデンが徴兵制を復活させたのです。これはロシアと本当に戦うというより、国民に、自分たちの国は自分たちで守らなければいけないという国家意識を高めさせようという狙いが大きいようです。

世界の潮流は徴兵制をなくしていく方向にありますが、対外的な要因があるとき、徴兵制復活という国があるというのも現実です。それは日本も同じこと。今後の周辺状況の変化によっては、憲法解釈が変わる可能性があります。憲法が規定する大枠は、ときに諸刃の剣にもなるのです。

憲法を知り、憲法を使う

しかしそれでも憲法の大きな枠は、私たちの意識を変化させることにつながる場合もあります。

第一四条では、「すべて国民は、法の下に平等であつて、人種、信条、性別、社会的身分又は門地により、政治的、経済的又は社会的関係において、差別されない」とあります。日本は人種や信条や性別で差別されることがない国だということを内外に示しているわけです。しかし現実はどうでしょうか。さまざまな差別が存在しています。男女差別もまだまだいろいろな場面で見かけます。戦後、性別で差別されないことを憲法で謳っていても、現実社会ではたくさん差別的なことが続いてきました。ですが昔に比べれば、解消してきたところもあるのです。

たとえば「男女雇用機会均等法」という法律が一九八五年に成立して翌年施行されま

した。この法律は、男女で仕事の募集や採用、配置や昇進の差別をなくすため、それぞれの機会を均等にすることを企業に義務づけたのです。それまでは、募集にも採用にも、どういう部署に配置されるかにも、昇進にも男女で差別がありました。男性だけを募集したり採用したり、女性にはさせない仕事があったり、昇進も女性はさせなかったりということが当たり前のようにあったのです。もちろんいまも男性ばかりが出世していたりする会社はありますが、それでも均等法以前の職場の状況に比べると随分変化しました。

さらに、二〇一五年には「女性活躍推進法」も施行されました。

医学部入試で、男性に有利なように採点基準を定めていた大学が大きなニュースになったのも、憲法で男女平等と謳い、社会の状況も変化しているにもかかわらず、旧態依然とした現実を見せつけられたからです。

このままではおかしいと、法律をつくって仕事場における男女の差別を解消しようとしたことで、徐々にではあるけれど、職場における人々の意識も変化してきました。医学部入試の不公平さが問題になったのも、「おかしい」と考えた人がいたからです。意識が変わったので、問題にされるようになったのです。人間の意識を変化させるには時間がかかるのです。理念的なことを謳っている憲法の条文の規定を現実化させるためには、細かな法律が必要になるのです。

憲法に書いてある理念をきちんと解釈して、それが実現できていない状況があれば、そのために改善していく方法を探すことも大切です。憲法を守らなければいけないというと、とても強い義務感を覚えるかもしれませんが、憲法で認められている権利を主張することが結果的に憲法を浸透させ、守ることにもなるのです。

憲法で男女平等が認められているのだから、女性が自由に働く権利を認めるのは当然ですよね。大学の入試や企業の採用のときに女性が差別されるのはおかしいと声を上げることは、自分の権利を主張することですから当然です。これはそもそも憲法で認められていることだから、自分の権利を主張することは非難されるべきことでも、恥ずかしいことでもありません。

こうして憲法の条文を知っていれば、何かあったとき、それはおかしいと言うこともできるのです。憲法を改正するかどうかを考える前に、まず憲法を知るところから始めてほしいのです。

憲法は、君たちがより良く生きていく上で大きな「武器」になりうるのです。

コラム　ＬＧＢＴとは

レズビアン（Lesbian：女性同性愛者）、ゲイ（Gay：男性同性愛者）、バイセクシュアル（Bisexual：両性愛者）、トランスジェンダー（Transgender：出生時の性別に対し違和感を持つ人）の頭文字をとったセクシュアル・マイノリティ（性的少数者）の人々を指した総称がＬＧＢＴです。

また、性的少数者全般を指すクィア（Queer）のＱ、性別や性的指向が明確でない、分類できないと考えるクエスチョニング（Questioning）のＱ、性的欲望を持たないアセクシュアル（Asexual）のＡ、インターセックス（Intersex：生物学的な男女の性区別がつきにくい人）のＩなど、さまざまな性的少数者の頭文字を加え、ＬＧＢＴＱなどと表現されることもあります。

このようにＬＧＢＴは、すべての性的少数者を指す言葉ではないため、性的少数者やセクシュアル・マイノリティという言葉のほうがより当事者を広範囲に示すという議論もあるのですが、ＬＧＢＴが既に性的少数者全体を指す言葉として使われているという捉え方もあります。ただし、ＬＧＢＴと一括《ひとくく》りにしてしまうことで、それぞれに異なる性的少数者たちの状況や問題が見えにくくなるという指摘もあるのです。

コラム　世界で広がる同性婚

一九八九年、デンマークで初めて同性カップルの登録が法制化されました。これ以降、同性のパートナーに婚姻に準じた法的地位を認めるパートナーシップ制度が世界中に広がっていきます。そして二〇〇一年、オランダで同性カップルが結婚できる同性婚が世界で初めて認められました。

現在、同性婚の制度を採用しているのは、オランダ、ベルギー、スペイン、カナダ、南アフリカ、ノルウェー、スウェーデン、ポルトガル、アイスランド、アルゼンチン、デンマーク、ブラジル、フランス、ウルグアイ、ニュージーランド、イギリス、ルクセンブルク、アメリカ、アイルランド、コロンビア、フィンランド、マルタ、ドイツ、オーストラリア、オーストリア、台湾、エクアドル、コスタリカなどです。

ただし同性婚やパートナーシップ制度を採用している国や地域でも、同性カップルの社会保障や税制度、相続や養子縁組についての法律など、細かな部分はそれぞれ異なっています。

日本では、婚姻に相当する関係などを認める同性パートナーシップ制度は、二〇一五年に初めて東京都の渋谷区で条例が施行されました。その後、東京都の世田谷区、那覇市、札幌市など一〇〇以上の自治体で導入されています。しかし同性婚が認められないのは、憲法で保障されている婚姻の自由を侵害し、法の下の平等に違反するとして、二〇一九年には、同性カップルが札幌、東京、名古屋、大阪、福岡で訴訟を起こしました。

第五章

もし国に「戦争に行け」と言われたら？

第九条を変えるとは？

二〇一四年七月、当時の安倍内閣は、歴代内閣の第九条の憲法解釈を変えて、集団的自衛権行使を容認する閣議決定をしました。国会はもちろん、社会的にも大きな関心を集めたこの問題。これからの日本を支える若い君たちには、決して無縁なことではないのです。

そこで、「戦争の放棄」を謳った第九条がどういう内容で、集団的自衛権が日本にどういう影響を与えるのかを、この章では歴史的経緯を踏まえ見ていきましょう。

安倍元首相が憲法改正をずっと目指しているのは、祖父である岸信介ができなかったことを継ぎ、改正によって祖父の存在、業績を超えようとしているからではないかと前の章で触れました。アメリカ側に押しつけられた憲法を改正することが、安倍元首相が掲げる「戦後レジームからの脱却」の一つの要件であるようです。

ですが憲法改正をするためのハードルが高いと当時の安倍首相は思ったのでしょう。最初、憲法改正について規定している憲法第九六条を改正したいと言い出しました。憲法の改正は、衆議院と参議院両議院ともに三分の二以上の議員の賛成があると、国会で発議できます。この両議院で三分の二以上の議員の賛成が必要という規定が厳し過ぎると考えた安倍首相は、その規定を二分の一に下げようと言い出したのです。

しかしこの第九六条を変更して憲法を改正するという考えは、多くの批判を浴びます。改憲派の憲法学者からも批判された安倍首相は、第九六条の改正について触れなくなりました。その代わりに、第九条の解釈を変えると言い出します。

この第九条の解釈を変えて、それまでは認めてこなかった集団的自衛権を認めさせるために、安倍首相は、たとえば憲法や法律をどう法的に解釈するか、政府の法案に法的問題がないかなど、内閣の法律に関する動きをチェックする組織のトップである内閣法制局の人事に手を出したことは先にも触れました。もちろん内閣を補佐する機関である内閣法制局の人事を行政のトップである内閣総理大臣が任命するのはなんらおかしなことではありません。しかしそうは言っても、これまでの内閣はその手は使ってこなかったのです。

内閣法制局の長官は、内部昇格で就任するのが慣例ですが、安倍首相は、外務省のフランス大使を務めていた官僚をその職に任命しました。それまでの内閣法制局の解釈は、第九条では集団的自衛権を認めていないといったものでした。その解釈を、長官を替えることで変えてしまったのです。

第九条の解釈を変えて、集団的自衛権が認められるようにしたことで、実質的に憲法を変える必要はなくなってしまいました。それはいまのままでも日本は個別的自衛権も集団的自衛権も行使できるからです。個別的自衛権や集団的自衛権については後で触れることにしますが、この結果が得られて、安倍首相からはしばらくの間、憲法を改正するといった発言が出てこなくなりました。結局、第九条を変えたかったというだけで、憲法の他の内容にはあまり関心がないのかもしれませんね。

集団的自衛権行使容認の背後にアメリカの影

一方、なぜ二〇一五年、集団的自衛権を認める安全保障関連法を強行採決までして決めたのでしょうか。自民党は憲法改正草案も既に出しています。それに沿って憲法改正を目指す道を選ぶことを、当時の安倍首相はしなかったのです。

第九条はそのままに、解釈によって内容だけを変えればそれでよかったからという捉え方もできるのですが、それにしても本来、憲法の解釈に問題があると思えば、憲法改正を堂々と訴えるのが筋のはずです。どういう状況があったかを考えてみましょう。

自民党の憲法改正草案には、第九条の2として、「内閣総理大臣を最高指揮官とする国防軍を保持する」とあります。国防と強調するように、自分の国を守るためではあるのだけれど、軍隊を持つことを目指しているわけです。本来はそういった内容の憲法にしたい人が自民党には多いということでしょう。

しかし現状では、軍隊というと、抵抗感を持つ人がたくさんいると考えられます。数字にばらつきはあるのですが、新聞はじめ各メディアの世論調査の結果を見ると、自衛隊を認める傾向は強いのだけれど、軍隊を持つことを支持するかどうかにおいては、国民の間に忌避感が強いのです。

第九条を改正して軍事力として自衛隊をはっきりと明記することが難しいのであれば、まずは現状の第九条のままでも、集団的自衛権が行使できるようにしようということになったのでしょう。急いだのは、アメリカから、アメリカ軍に何かあったときにそれを助けるために自衛隊を動かせるようにしろという圧力が強かったことも要因と見られています。アメリカからの要請に対して、第九条を変えるのには時間がかかるから、解釈を変えるということで対応したわけです。

安倍首相にしてみれば、第九条で集団的自衛権は行使できないように規定されているから、憲法を変えないとアメリカ軍を助けることはできないと突っぱねることもできたはずだよね。でも、そうはしなかったんだ。

これまでは集団的自衛権を第九条の解釈で認めてこなかったわけですが、それを変えるには、どのような理由が挙げられたのでしょう。安倍首相は、その解釈変更を閣議決定する際、いまは「パワーバランスの変化や技術革新の急速な進展、大量破壊兵器などの脅威等により我が国を取り巻く安全保障環境が根本的に変容し、変化し続けている状況」（要約）にあり、日本への武力攻撃のみならず、「我が国と密接な関係にある他国に対する武力攻撃が発生し、これにより我が国の存立が脅かされ、国民の生命、自由及び幸福追求の権利が根底から覆される明白な危険がある」、こういった状況では、国民を守るためには集団的自衛権も認められるといったことを述べています。

この「密接な関係にある他国」というのは、基本的にアメリカです。要はアメリカに何かあったら日本は軍事的にも助けなければならない。だから集団的自衛権を認められることにするといった理屈です。ですが、周辺の状況が変わって危険が増しているというのであれば、周辺の状況に具体的にどのように対応するのか、まずは国民に知らせる必要があるように思います。そして国民を守るためにはどうしても集団的自衛権はじめ、軍事力がさらに必要で、そのために憲法第九条を改正したいと説得するのが、政治家の務めのように思うのですが、なかなかそのような議論には深まっていきません。

個別的自衛権と集団的自衛権

憲法をめぐる議論には、ややこしいことも多いですよね。個別的自衛権と集団的自衛

いうことだろう。自衛権は二種類あるということだけど、どう

もしアメリカ軍に何かあったら、自衛隊が助けに動けるようにという圧力がアメリカからあったと述べました。アメリカを助ける日本というこの状況こそ、集団的自衛権の考え方です。

まず、自衛権というのは、国家がもし他の国や何らかの勢力から攻められたとき、自分の国を守る権利、守るために戦う権利を言います。この自衛権には二通りのものがあります。それが個別的自衛権と集団的自衛権というわけです。

日本も加盟している国連は、現在一九三か国が加盟しています。その国連憲章、要は国連の憲法のようなもので加盟している国の権利や義務について決められている基本文書では、個別的自衛権と集団的自衛権、その両方が認められています。

たとえば、どこかの国が他国から攻撃を受けた場合、その国は、他国の侵略から自分の国を守るために戦うでしょう。これが個別的自衛権です。この武力による防戦は国際社会が認めていることです。なぜなら、攻められた国家が対抗しなければ、武力による攻撃でその国がなくなってしまう可能性もあるからです。侵略行為を許してしまうと、世界の秩序が保てなくなりますから、暴力的な行為に対抗することを、多くの国が認めているのです。

ただ、そのときに国連加盟国は、安保理（安全保障理事会）に助けを求めることもできます。安保理というのは、学校の社会科で習ったよね。五か国の常任理事国と一〇か国の非常任理事国で構成され、世界の平和と安全維持の責任を負っている国連の主要機関です。

他の国から攻撃を受けた国が、紛争の調整や助力を安保理に求めると、安保理で審理が行われ、確かにそれは侵略行為であり、国際秩序を維持するためにも許せないということになれば、国連加盟国は攻撃を受けた側の国をさまざまなかたちで援助したり、軍事的に助けたり、侵略国に対して侵略行為を止めさせるためのアクションを起こします。これが集団的自衛権です。

たとえば一九九〇年、イラクはクウェートに侵攻しました。このときクウェートは、国連に対してイラクの行為は侵略行為だと訴えます。国連の安保理は、イラクの侵攻は侵略行為である。イラクはクウェートから出ていくべきだというだけではなく、イラク軍をクウェートから追い出すために国連加盟国はあらゆる手段を取ることができると決議しました。この決議に基づいて、アメリカなどの多国籍軍がつくられて、イラクを攻撃し、イラク軍をクウェートから追い出しました。これがまさに集団的自衛権の行使ということになるわけです。

国連では、このように集団的自衛権も認められています。まず国家は、自分の国を守るためには、自分の国を自分自身で守ることができる。これが個別的自衛権。それと同時に、自分の国が不当な危機にさらされた場合、仲間の国に助けを求めて、仲間がみんなでこれを助けましょうといって手を貸してくれる。これが集団的自衛権で、これも認められているのです。

ヨーロッパとアメリカによるＮＡＴＯ（北大西洋条約機構）という集団安全保障体制があります。これも集団的自衛権を働かせるための同盟です。東西冷戦の時代、西ヨーロッパの国々とアメリカとカナダが、ソ連や東ヨーロッパに対抗するためにつくりました。もしＮＡＴＯに加盟している国が他国から攻撃を受けた場合、他のＮＡＴＯ加盟国はすべて、自分の国が攻撃されたかのようにこれに対して反撃しようということだったのです。

これに対抗してソ連と東ヨーロッパもワルシャワ条約機構という集団安全保障体制を築きました。ただ、ワルシャワ条約機構は、西側の侵略から自分たちを守るというよりは、構成国の一部が民主化されるのを防ぐという役回りがありました。

東西冷戦時代、ＮＡＴＯが集団的自衛権を行使することはありませんでした。しかし二〇〇一年九月一一日、アメリカが同時多発テロによって攻撃を受けます。このときにＮＡＴＯ加盟国は、アメリカを助けるために協力すると申し出ます。実際にすぐにアメリカはアフガニスタンにいるタリバンを攻撃します。その攻撃に参加したのはアメリカやイギリスが中心でしたが、その後、アフガニスタンの治安維持のためにＮＡＴＯ加盟国が派遣されました。アフガニスタンに駐留しているＮＡＴＯ軍は、タリバンの襲撃を受け、兵士が殺害される状況が続きました。アフガニスタンの治安維持の任務についてから、多大の犠牲者を出しているんですね。集団的自衛権を行使するのは、大変なことなのです。

これまで日本は集団的自衛権を認めてこなかった

それでは、日本国憲法では、個別的自衛権、そして二〇一四年に行使容認が閣議決定された集団的自衛権は、国がどのように解釈してきたかを見ていきましょう。

> 第九条　日本国民は、正義と秩序を基調とする国際平和を誠実に希求し、国権の発動たる戦争と、武力による威嚇又は武力の行使は、国際紛争を解決する手段としては、永久にこれを放棄する。
>
> ②　前項の目的を達するため、陸海空軍その他の戦力は、これを保持しない。国の交戦権は、これを認めない。

第九条には、戦争を永久に放棄すると定められていると、君たちも学校で習ったよね。そして、戦争を永久に放棄したから、すべての戦力を持たないと2項で決められています。

しかし前に触れたように、日本も個別的自衛権はこれまでも認めているわけです。それはどんな理屈でしょうか。

内閣法制局の従来の考え方は、日本が国家である以上、自国を守る権利があり、個別的自衛権も集団的自衛権も持っている。ただし、憲法第九条で日本は戦争を放棄している。戦争放棄と憲法で謳っているけれど、もしどこかの国から攻撃を受けて、何も抵抗しないまま日本という国が滅びてしまったら、国が滅びることを認める憲法などというものがあるだろうかということです。国民の個人の自由や権利を認めて、幸福を追求するために存在している国がなくなるのは、おかしいということだよね。だから当然、自分の国を存続させるために戦うことはそもそも認められているわけで、憲法第九条で戦争は放棄すると決めていても、自分の国を守るための最小限度の力は持つことは認められているはずだという議論をしてきたわけです。その必要最小限度の力が自衛隊だというわけです。

しかし、第九条では、国際紛争を解決する手段として武力の行使はしないとも決めています。要は世界で争いがあってもそれを解決する手段に武力を使わない。つまり、どこかの国同士で争いがあっても、そこに日本が武力を使って介入はしないというわけです。だから集団的自衛権の行使はしない、つまり誰かを助けるためだとしても戦争に手を貸すことはしないと解釈してきたわけです。こうして内閣法制局としては、日本は集団的自衛権も権利として持ってはいるけれど、これを行使しないと憲法第九条で宣言しているから、行使できませんという方針だったのです。

　これは先の戦争で、他国はもちろん、日本も大きな被害を出したことへの反省から生まれたものです。他の章で触れたように、日本はポツダム宣言で武装解除を求められ、ＧＨＱ（連合国軍総司令部）の憲法草案では、「マッカーサー・ノート」の「日本は戦争を、紛争解決をはじめ自分の国を守るためのものを含め放棄する。陸海空軍を将来にわたって持つことはない」といった要求が活かされ、憲法ができあがりました。そうした状況をして「押しつけ憲法論」も出てくるわけですが、それでも日本人は戦後、その日本国憲法を改正しないことをずっと選び続けてきたとも言えるわけです。

変化してきた第九条の解釈

　日本国憲法は、ＧＨＱの憲法草案を日本側とアメリカ側で審議して修正したものを草案にし、それを改めて国会で審議して修正した結果できあがったものです。その国会での修正でも大きいのが「芦田《あしだ》修正」と呼ばれているものです。

第九条について、衆議院帝国憲法改正案委員会の委員長を務めていた芦田均《ひとし》は、細かな字句の修正もしたのですが、特に大きな変更点は、改正案にはなかった、「前項の目的を達するため」という条件を2項につけたことです。さらに2項の「戦力は、これを保持しない」という文章も、変更する前は、「戦力は、これを保持してはならない」でした。

つまり「前項の目的を達するため」という文章を2項に足すことで、国としての戦争、国際紛争を解決する手段としては、ということを条件と解釈できるようにしたのです。戦争や国際紛争を解決するための軍事力は持たないけれど、日本が自分の国を守るためであれば戦力を持てると解釈可能にする修正だったのです。

このように、基本的には戦争を放棄し、武力を保持しないことを謳った憲法でしたが、まさに集団的自衛権を容認したときの理由と同じように周辺状況の変化に合わせ、解釈によってその規定を徐々に変容させてきたのです。ただ、それは憲法というものが大きな枠を示し、日本という国のかたちを表すような理念であるため、仕方がないところもあるかもしれません。ですから、私たちの日々の暮らしに憲法で決められていることを実現させるには、解釈だけではなく、法律による細かな取り決めや積み重ねが必要になるのです。

周辺状況の変化というと、たとえば吉田茂内閣の最初の頃は、日本はそもそも戦争を放棄したのだから、一切戦争はできない。自分の国を守るための組織も持つことができないと答弁していました。それが一九五〇年、朝鮮戦争が始まり、日本に駐留していたアメリカ軍が朝鮮半島に派遣されます。七万五〇〇〇人のアメリカ兵が朝鮮半島に派遣されると、日本には国内の治安を守る組織がほとんどありませんでした。当時はストライキを起こそうとするとＧＨＱによって禁止されるほど、労働者の権利を広く認めたり、社会主義的な考えが広がったりすることを、アメリカも日本の権力者側も怖れていました。そのため、国内の治安に不安が起こるような事態に対し、それに対応する組織がなくなる事態を避けたかったのです。その結果、ＧＨＱが警察予備隊をつくるように求めます。

　こうして「軍隊ではない、警察を補佐する組織だ」という理屈で警察予備隊がつくられます。

　一九五二年、保安庁が発足し、警察予備隊は保安隊に改組されます。このとき、海上保安庁の一部であった海上警備隊は、海上保安庁から独立して、警備隊になります。一九五四年には、防衛庁が設置され、保安隊が陸上自衛隊に、警備隊は海上自衛隊になり、航空自衛隊も新しくできました。

　その段階で吉田茂首相の発言も変わってきます。軍隊のようなものは一切持てないと言っていたのが、自分の国を守るための必要最小限度の組織は持てるという言い方になります。そのときに、必要最小限度というのはどういうレベルなのかという国会での質問に対して、吉田首相は、自衛隊は軍隊ではないので、近代的な戦闘ができるような兵器を持ってはいけないと言っています。たとえばジェット戦闘機のようなものは持つことができないと答弁しています。しかしいまの自衛隊は、ジェット戦闘機を持っています。吉田茂内閣当時の発言から、現在の実態はどんどん変わってきているということです。

「いまの憲法のままでも日本は核を持てる」

さらに岸信介内閣のときに国会で、必要最小限度の実力について、核兵器はどうなのか、という質問が野党から出たのです。岸内閣は、核兵器も必要最小限度の実力として、自衛のため使えるものであれば持つことは憲法解釈としては可能だと答弁しています。実は日本は核兵器を持てるということを言っているのです。それ以降、この方針が明確に否定されたことはありません。

ただし、日本は非核三原則を国の方針として打ち出しています。「核兵器を持たない、作らない、持ち込ませない」ということです。だから、核兵器を持つことはないということになっています。しかしこの非核三原則というのは、国会で決議されているだけで、法律ではありません。第九条の解釈の中で核兵器を持つことが可能であることになっているわけですから、将来的に国会での決議を引っくり返すことだってあるかもしれません。こう考えてみると、集団的自衛権行使容認への流れと似ています。集団的自衛権は持っているけれど、憲法第九条の解釈では以前は使えなかった。それが解釈を変えて使えることになりました。同じように、核兵器は自衛のためであれば持つことはできるのですけれど、非核三原則という政策で持てないと決めているので、持ちません。いまは核兵器を持たないという方針を取っているというだけで、解釈によっては核兵器を持てるわけですから、その方針がいつ変わってもおかしくはないのです。

憲法を取り巻く情勢は、いつなんどき大きく変化するか、わからないのです。

徴兵制は必要？

徴兵制についても同じようなことが言えるかもしれません。前の章で触れましたが、安倍元首相も歴代の内閣も徴兵制を導入することはないと言ってきました。その根拠は第一八条で、いかなる人も「奴隷的拘束も受けない」、「意に反する苦役に服させられない」と憲法で決められているから、徴兵して兵役に就かせることはないというのが答えでした。しかしこの解釈も変更される可能性があります。

北朝鮮の脅威がある。中国の海洋進出も脅威だ。だから自衛力の強化が必要で、自衛隊員の増強のために徴兵制導入も視野に入れなくてはといった考え方もあります。若い人の中にも、日本の周辺状況を考えると、将来的に徴兵制導入もありなのではないかという意見があるのを聞きます。さまざまな考えがある中で、論理的に考えていくことが必要ではないでしょうか。

北朝鮮の脅威というとき、まずは具体的にどういったことがあるのでしょうか。北朝鮮のミサイルが飛んできた場合、いまの自衛隊が配備している迎撃態勢で、もちろんすべてを撃ち落とせるかというとそうではないかもしれませんが、いまの技術であれば、ある程度は撃ち落とすことが可能でしょう。それが、徴兵制があれば自衛隊員が増えるから、すべて撃ち落とせるようになるかというと、そうなるわけではないのです。

さらに考えてみると、徴兵制というのは、入隊意思のない一般の人が軍隊へ入るということです。現代の世界の兵器事情から考えると、ＩＴ化が進み、先進的な兵器は、素人が簡単に扱えるようなものではありません。習熟するには、相当な知識と訓練が必要なのが常識になっています。ミサイルをどうやって迎撃するかといえば、そのための技術をきちんと習得したプロでなければ対応できません。一般人を徴兵したからといって、簡単には役に立たないというのが、近年の兵器や軍隊についての常識なんですね。そうすると、徴兵したからといって、さまざまな軍事的な技術を一般の人に教えたり、覚えさせたりしなくてはいけません。そのための時間や費用をどうやって捻出《ねんしゅつ》するのか。また人には向き不向きもありますから、みんながみんなそういった技術をすぐに覚えたり使えたりするようになるかといえば、そう簡単なことではなさそうです。

それでは徴兵制が具体的にどんな役に立つと思われているのでしょう。地上戦、それも白兵戦で敵同士が武器を持って戦うような状況のときに大勢兵隊がいれば、有利であるだろうという考え方なのでしょう。どこかの国や武力勢力が攻め込んでくるという状況を想定して、徴兵制で多数の人員確保が必要になるという考え方ですね。実際に他の国が攻めてきたらどうすればよいのか、考えている人は多くいるようです。日本を攻撃しようと、多くの兵隊が海を渡ってきて上陸、そして戦いをするという状況を想定しているわけですが、そんな事態がはたして起こるのでしょうか。

攻撃三倍の法則という考え方があります。相手を攻撃するとき、守る側の三倍の兵力がないと、勝てないというものです。たとえば攻撃してくる相手が三万人いれば、守る側は一万人いれば防御ができます。相手が一〇〇万人いるからといって、守る側も一〇〇万人必要というわけではないのです。

日本の自衛隊員はいま、約二二万七〇〇〇人います。そうすると、その三倍、つまり約六八万人の人員で攻めないと、日本を占領することはできません。それだけの数の兵士をどうやって日本へ運ぶというのでしょうか。日本は海で囲まれています。この地理的な条件も大きいわけです。それだけの人員を一気に運ぶには、船の数が足りないでしょう。送り込むにしても、そんな数の兵士を確保することもできないでしょう。だからそういう軍隊による侵略は実際にはあり得ないのです。

中国による尖閣諸島周辺の日本の領海への侵犯が問題になっています。これを何とかしなければいけないとなれば、海上保安庁の船や人員を増やして中国側が近づけないようにするしかないでしょう。なぜならそれは中国側も、軍隊ではなく、漁船であったり、チャイナ・コースト・ガード（China Coast Guard）であったり、つまり日本の海上保安庁と同じように沿岸を警備する船が領海侵犯をしているからです。中国側が軍を出していない理由も、やはり軍事衝突になることを避けているからなんですね。そうすると、日本側も海上自衛隊が出ていくわけにはいきません。互いに軍と軍が対峙《たいじ》するような事態になり、偶発的な争いが起こって、戦争になる可能性があるから、そこは互いに避けているのです。お互いの国が戦争にならないように微妙なルールを守って緊張関係を保っています。

そうであれば、この問題を緩和するには外交による交渉のほうが重要です。ただし、海で囲まれている日本としては、海上保安庁の力をさらに高める必要はあるでしょう。まずは、そちらのほうが大事ではないでしょうか。

日本は集団的自衛権で具体的に何をするのか

集団的自衛権の行使を容認した日本ですが、無制限にこれを使えるわけではありません。限定的に集団的自衛権を認めることになりました。

全面的に集団的自衛権を認めるということになれば、たとえばアメリカとイランが戦争になったとします。アメリカは日本にとって同盟国です。集団的自衛権の行使を認めるのであれば、日本もイランに自衛隊を派遣して戦争をするということになりかねません。そこでまずは、そういうことはしないと、限定しました。

日本と密接な関係にある国が攻撃されることによって、日本国民に危害が及ぶような事態になったとき、必要最小限度の実力を行使することができる、という条件を設けました。たとえばアメリカが中東などで攻撃を受けたからといって、自衛隊が中東へ出動するわけではありません。

では、どういう場合か。具体的に考えると、日本の周辺で他の国と緊張関係になったときに、アメリカ軍が日本や日本人を助けるために日本の周辺で活動してくれた場合です。安倍元首相が答弁した際は、日本の周辺のどこかで戦争が起きたときに、アメリカ軍が日本人の親子を助けてくれた。そしてその日本人を運んでいる最中にその船が攻撃されたときに、日本がそのアメリカの船を助けるというイメージの絵が描かれたボードを使って説明していました。日本ととても密接な国の軍隊が攻撃を受けたことによって、日本人に危害が及ぶ場合、自衛隊がそのアメリカの船を助けるのは当然のことだと、安倍元首相は、そう説明していました。安倍元首相の集団的自衛権の行使というのは、そういうイメージがあるのだということですね。

その答弁を聞き、アメリカ軍は日本人の家族を助けてくれるのだろうかと思い、このとき在日アメリカ大使館のホームページを見てみました。そうすると、ＦＡＱ、つまりよくある質問というページがありました。そういった状況についての質問がないかとクリックすると、「海外にいるアメリカ人がどこかの国や組織に攻撃されたりする危ない環境に置かれた場合、アメリカは軍隊を派遣して助けてくれるのか」という質問を見つけました。クリックしていくと、アメリカ大使館からさらにアメリカの国務省のホームページに飛びます。そこに英語で答えが書いてありました。それを読むと、もちろんアメリカは、他国でアメリカ人の身に危機が迫ったときは、助けるために全力を尽くします。ただし、だからといって軍隊を派遣して助けるというのは、「ハリウッドのシナリオです」と書いてありました。ハリウッドの映画ならそういう話もあるだろうけれど、アメリカ軍がいちいちそんなことはしませんよ、ということなんです。

それでも中東などでアメリカ人がテロリストに人質に取られてしまったときには、アメリカ軍の特殊部隊が潜入して救出するということは、現実としてはあります。けれど、みんなにそんなことを最初から期待されては困るというわけです。さらにその中には、「私はアメリカ国籍を持っていますが、配偶者はアメリカ国籍を持っていません。一緒に助けてくれるのですか」という質問がありました。それに対して、「アメリカはアメリカ人を優先的に助けます。アメリカ人以外まで助けることはできません」と書いてあるのです。ということは、日本の周辺で何らかの紛争が起こり、そこで日本の親子が孤立したときに、アメリカがその日本の親子を助けるために軍隊を派遣するかといえば、しないでしょう。安倍元首相が想定しているイラストの状況は、現実問題として考えると、あり得ない話であろうということです。

もちろんアメリカ軍がアメリカ人たちを助けるときに、その中に一緒にいた日本人も助けるということは想定できます。そういうときに自衛隊が、アメリカ軍と一緒に行動することがあり得るということになります。このように日本の集団的自衛権は、あくまで限定的にそれを認めるということになったのです。

ただし、その後、アメリカ大使館のホームページは大幅に改訂され、この部分はなくなりましたが、アメリカはこういう方針を取っているのですね。

自衛隊をどう捉えればよいのか

けれど、よく考えてください。アメリカ軍が救出したアメリカ人の中に日本人が一緒にいた場合、もしそのアメリカ軍が攻撃されたとき、集団的自衛権行使の要件に則って、自衛隊が相手を迎撃したとしましょう。それは武力行使でありますが、果たして自衛のためのものなのか、それとも明らかな戦闘行為なのか、という議論がありました。安倍元首相はじめ政府は、自衛のためと言い、野党は、それは戦力の行使であり、戦闘行為であろうと追及します。安倍元首相は、日本の国民を守ることにつながるわけだから、これは自衛権の一部だと主張しました。

このように安倍政権は当初の方針に変更を加え、集団的自衛権が行使できるように法律も整備したけれども、問題は残っていて、さらに議論の必要があるということです。また、第九条で戦力不保持を規定しているのに、自衛隊は戦力にあたるのではないかという議論は、自衛隊ができた当初からずっと繰り返されてきたものでもあります。

この「戦力」というものの定義も変化してきているのです。一九五二年、吉田内閣では、先程触れたように、戦力とは近代戦を戦う程度の装備と規定して、当時の自衛隊はそれを持っていないから戦力ではないのだという定義をしました。それが段々と変化してきて、戦力というのは、自衛のため必要最小限度の実力を超えないもの、つまり自衛隊は必要最小限度の実力を持つ組織であるということです。抽象的でわかりにくい定義ですが、そういった言葉を使って国会では議論が続いてきたのです。しかし、そうは言っても日本の防衛費は、世界の軍事費のランキングでは第九位に位置しています。

そしてこの集団的自衛権を実際にどのように運用するかという点でも随分と状況が変わります。運用方法によっては、本当に日本が戦争をすることにもなりかねません。今後ももっと具体的に集団的自衛権を運用するための新たな法律ができるのか、きちんと見ていかないといけないということですね。

既に現場で具体的に起こっている変化もあります。まず、日米の共同防衛訓練がこれまで以上に活発に行われるようになりました。とりわけ活発なのは、日本の島がどこかの国によって占領された場合、自衛隊とアメリカの海兵隊が一緒になってその島を取り戻すという共同訓練です。現場の自衛隊員にしてみれば、アメリカ軍といろいろな合同軍事演習をしているわけですから、もしそのアメリカ軍が攻撃されたときに、自衛隊は一切知りませんなんていうわけにはいかないと思っているのではないでしょうか。いざというときは助けに出るほうが、アメリカ軍との関係がよくなるはずだという意識も今後より強くなっていくことでしょう。

こうして集団的自衛権を認めるということになって具体的に動いている面もあるので

すが、もし実際に何かが起こったとき、これからも改めて議論していかなければいけないのは変わりません。

　政権の自衛隊に対する意識は、それぞれ異なっていて、たとえば、自衛隊を憲法違反ではないのかと国会で追及していた社会党も、一九九四年に連立政権に入った途端、村山富市委員長が首相となり、自衛隊は合憲であると認めました。自衛隊ができてからの日本での憲法九条と自衛隊の捉え方の大きな流れは、論理的に考えると違憲の存在であるかもしれないけれど、さまざまな解釈によって合憲だとされてきたといったところでしょうか。一九九一年には、外務省の局長が国会で自衛隊について、「国際法上は軍隊として取り扱われるということが言えると思います」と説明しています。二〇〇二年には当時の小泉純一郎首相が、「多くの国民は自衛隊は戦力だと思っているのは、常識的に考えてそうだと思います」と国会で答弁しています。

　司法はどうでしょうか。一九六九年、国が北海道の国有林を伐採して航空自衛隊のミサイル基地を建設する計画を発表したところ、住民が憲法違反の自衛隊のための国有林の伐採は公益性がないといって国を訴えました。裁判の結果、一九七三年、札幌地方裁判所で、自衛隊は憲法違反であるという認定を下しています。しかし政府が控訴した札幌高等裁判所では、自衛隊の存在は「高度に政治的な問題であり、一見きわめて明白に違憲と言えない場合は、裁判所が判断するものではない」といって判断を下しませんでした。上告された最高裁判所も、自衛隊が憲法違反かどうかの判断は下しませんでした。この裁判は長沼訴訟と呼ばれています。

このように裁判所が高度に政治的な問題には判断を下さない態度は、「統治行為論」と言われています。第一章でも触れましたが、これでは裁判所が憲法判断を避けていると批判されても仕方がないでしょう。裁判所には「違憲立法審査権」というものがあります。国会が制定した法律が憲法に違反しないかどうか、審査することができます。裁判で「違憲かどうか判断してください」ということになったら、判断を示さなければならないのです。それを避けたということは、純粋な法律論で言えば「自衛隊は憲法違反の存在だ」と言わざるを得ない。しかし、そんな判断を下したら大変なことになる。そんな政治的配慮が働いたように見えます。

憲法に自衛隊を書き込むと

その後、安倍元首相は、再び憲法改正を目指すと言い始めました。その内容は、自衛隊は憲法違反ではない、ということをきちんと憲法で規定するべきだというもの。やはり第九条を変えたいんだね。その理屈はこうです。

自衛隊員には災害救助など、さまざまな場面で活躍してもらっている。東日本大震災でも自衛隊員の人たちは苦労して大変な作業をしてくれた。ＰＫＯ（国連平和維持活動）での海外の仕事もこなしてくれている。そんな自衛隊員たちに、あなたたちの存在は憲法違反かもしれないけれど、任務をがんばってくださいとは言えない。自衛隊が憲法違反でないということをはっきりさせようではないか。憲法にきちんと自衛隊のことを書いて、自衛隊が憲法で認められている組織にすれば、自衛隊員の士気も上がり、さらに一所懸命任務に尽くしてくれる。だから憲法第九条に自衛隊を認めるという規定を加えればいい。

これが安倍首相の主張でした。

多くの国民が、自衛隊は憲法で認められていると考えている、そういう世論調査の結果があります。それにもかかわらず、法学者が、いまの憲法の規定では、自衛隊は憲法違反だと言っている。さらに自衛隊が違憲だという法学者の意見は、教科書にも載っているような状況だ。それを変えなくてはいけない。それには第九条にきちんと自衛隊の存在を書き込むべきだという意見なのです。そして第九条の1項と2項はいまのままで、その後に自衛隊について書き込むという案を言い始めました。

しかしこの意見に対して、法学者の中から次のような疑問が出ています。

自衛隊について憲法第九条で規定するということは、自衛隊が憲法で認められた組織になるということである。一方、自衛隊を指揮監督するのは防衛省だ。防衛省は、憲法の下にある「防衛省設置法」という法律に基づいて設置・運営されている。憲法で自衛隊という組織を認めると、憲法の下に位置する法律によって組織されている防衛省が自衛隊をコントロールすることになる。果たしてそんなことができるのか。文民統制ができるのか。法体系としておかしな状況になるということです。

まず、文民統制については憲法に次のように定められています。

第六六条　内閣は、法律の定めるところにより、その首長たる内閣総理大臣及びその他の国務大臣でこれを組織する。

② 内閣総理大臣その他の国務大臣は、文民でなければならない。

③ 内閣は、行政権の行使について、国会に対し連帯して責任を負ふ。

この第六六条2項で、国務大臣は文民、つまり軍人ではない人でないといけないと決められているわけです。防衛省の大臣は軍人ではない人で、防衛大臣の上にいる内閣総理大臣も軍人ではない人でないといけない。そうすると、軍事組織を最終的に管理監督する人は、軍人でない人で、国民が選挙で選んだ議員でなくてはならないことになります。軍隊という実力組織を、軍隊の中の軍人が勝手に動かすことができないようにするというのが文民統制です。しかし、自衛隊を憲法に書き入れてしまうと管理・監督の順番が逆になり、おかしなことになるというのが、この指摘なのです。

たとえば、自衛隊が第九条で憲法で認められた場合、何かあったときに防衛省のキャリア官僚が自衛隊に向かってあれこれ言うと、自衛隊員たちから、「われわれは憲法で認められた組織であって、その下になる防衛省設置法で認められたお前たちの言うことを何で聞く必要があるんだ」なんてことも起こり得るのではないか、というのです。

第九条の改憲案もさまざまある

自民党の中でも第九条についてはいろいろな議論があります。たとえば防衛大臣を務めたこともある石破茂氏は、第九条の２項を削除するという案を出しています。

第九条の２項、つまり「陸海空軍その他の戦力は、これを保持しない。国の交戦権は、これを認めない」という規定です。この内容を削除するだけで、自衛隊については、憲法に書く必要はないというのが石破氏の案です。第九条の１項で、戦争はしないと言っている。戦争はしない。でも、自分の国を守る自衛権はどの国にもある。だから自分の国を守る組織をつくることはできるという考え方です。自分の国を守る組織である自衛隊をわざわざ憲法に書き込む必要はないであろうということですね。そうすれば、法律で自衛隊についてきちんと規定していけばいいわけで、論理的には安倍首相の考えよりは通りがいいようです。

しかし、第九条2項がなくなると、1項で戦争や武力の行使を永久に放棄すると言っているにもかかわらず、戦力を持つことも解釈として可能になることに対して、不安を覚える人も多いでしょう。具体的な言葉や文章がどうなるかは、まだ練っている最中ですから、はっきりしませんが、たとえば、第九条2項の中に、前項の規定にかかわらず自衛のための自衛隊を保持することを排除しない、という言い方などで、自衛隊の存在を書くのはどうか。もしくは、必要最小限度の実力組織としての自衛隊を保持する、といった言い方ならどうか。自民党の中でも議論があるようです。

さらに国会の両議院で三分の二の議員の了解を得るには、与党の公明党の協力が必要です。ですが公明党の中には、憲法を変える必要がないと考えている人たちもいます。その人たちの協力を得て憲法改正へ進んでいくためにも、公明党が協力しやすい規定はどんなものがあるかを、自民党は考えています。

これまでの内閣は、自衛隊について、「自分の国を守るために必要最小限度の実力組織であって、戦力ではない」と解釈してきました。憲法第九条に戦力を持ってはいけないと規定されているから、自衛隊は戦力であってはいけないのです。ですから、日本の自衛隊は、実力組織であるという理屈なのです。戦力ではなく実力、まるで言葉遊びのようですが、こうした議論が政治の世界ではずっと続いてきたこともまた事実なのです。

改憲の意味を考えるために

また、国会の審議の中で野党から次のような質問がありました。もし、自衛隊について憲法にきちんと書き込みましょうということになり、国会の両議院で三分の二の賛成が得られて、その旨が発議され、国民投票にかけられたとします。そこで否決されたら、自衛隊は憲法違反の存在になるのかというものです。これに対して安倍首相は、国民投票で否決されたからといって、自衛隊は憲法違反の存在にはなりませんと答えたのです。ここは突っ込みが入りそうですね。そうであれば、わざわざ改めて自衛隊について、憲法で規定する必要はないのではないかという声が出るのは当然でしょう。

安倍元首相にしてみれば、自衛隊は既に災害救助などをはじめとした活動を通してその存在を国民の多くが認めているから、九条に加えても賛成してくれるのではないかという思いを強く持っているのでしょうね。

安倍元首相は、憲法をとにかく変えたい。そして憲法を変えたという実績を残したいという思いを持っているようです。その考え方をどのように解釈するかは、君たち一人ひとりに考えてもらいたいのです。

国民投票は、一八歳以上であれば投票ができます。憲法改正が現実味を増してきたいま、憲法について改めてどういうものなのかを、君たちに、いま一度考えてほしいのです。

それは結局、君たちはどう生きるか、という問題に関わってくるのです。君たちは、憲法をどうすべきだと考えますか？

コラム　PKOと自衛隊の海外派遣

PKO（Peacekeeping Operations）とは、国連平和維持活動のこと。紛争をしている国や地域での戦闘拡大の阻止、停戦や選挙の監視などを目的としています。紛争当事者、あるいは当事国の合意、国連安全保障理事会をはじめとした国際社会の支持を得て、国連加盟国によって組織され派遣されます。

日本では一九九二年に「PKO協力法」が成立し、自衛隊の海外派遣が本格的に開始されます。「本格的に」というのは、それ以前の一九九一年に自衛隊が湾岸戦争後のペルシャ湾で機雷除去の任務を果たしているからです。なお、このときは「自衛隊法」によって派遣されています。

湾岸戦争では、日本は一三〇億ドルもの戦費の負担をしながら、国際的な評価を得られませんでした。戦争での人的な貢献、つまり自衛隊の派遣がないことに対し、世界では不満を持つ人たちがいたのです。憲法九条で「武力の行使は、国際紛争を解決する手段としては、永久にこれを放棄する」と規定されているわけですから、日本は紛争地域への自衛隊の派遣はできません。その代わりに湾岸戦争が終息してから、自衛隊の機雷掃海で貢献しようとしたということなのです。

この経験があり、国際社会への人的貢献という課題を達成するため、ＰＫＯへの協力を法的に可能にするための法律がつくられたのです。その後、カンボジア、モザンビーク、ルワンダ、ゴラン高原、東ティモール、南スーダンなどへ派遣されていますが、果たして紛争が終息している状態なのか、それとも再燃し始めた場合はどうするのかといった問題などをめぐり、自衛隊のＰＫＯ活動参加については常に議論がつきまとっています。

コラム　非核三原則

「核兵器を持たず、作らず、持ち込ませず」、これが非核三原則です。一九六七年、佐藤栄作首相が衆議院予算委員会で政府の政策であると答弁し、一九七一年には、衆議院本会議も「政府は核兵器を持たず、作らず、持ち込ませずの非核三原則を遵守する」と決議します。それ以降、歴代首相と政府は、この三原則を守る立場を取っています。また、三原則の「持たず、作らず」については、一九七六年、日本が核不拡散条約を批准《ひじゅん》したことで、国際法上の義務となっています。

ただし「持ち込ませず」については、日米安保条約で、日本はアメリカ軍による核兵器の日本への持ち込みを許可していないのですが、実際には、核兵器を積んでいる船や空母、飛行機や原子力潜水艦などが日本に立ち寄る場合、また在日米軍基地には核兵器が持ち込まれているのではないかと疑惑が持たれています。

さらに、政府の憲法解釈では、自衛のための必要最小限度を超えない実力を持つことは禁止されていません。それ故、核兵器もその限度を超えない限り合憲であると国会で答弁しており、近年の北朝鮮（朝鮮民主主義人民共和国）による核兵器開発が問題になった際も、日本の核開発をめぐる議論が話題になりました。

おわりに

　高校生諸君との対話を通じた授業の様子はいかがだったでしょうか。桐蔭学園の中の希望者を対象にしただけに、参加者は、いずれも高い問題意識を持っていました。とりわけ憲法九条をめぐっては、生徒たちの間で意見が分かれました。あらかじめよく考え抜いてきたことがうかがえました。

　日本国憲法は、主権在民を謳いながら、第一章は天皇です。これは、大日本帝国憲法（明治憲法）を改正したことに伴うものです。改正前の大日本帝国憲法は、第一章を天皇から始めていたためです。しかし、戦後になって天皇像は大きく変わりました。そこには天皇（現上皇陛下）ご自身の努力もありました。

　それがわかるのが、二〇一八年一二月に行われた記者会見でのお言葉です。

「今年も暮れようとしており、来年春の私の譲位の日も近づいてきています。

　私は即位以来、日本国憲法の下で象徴と位置付けられた天皇の望ましい在り方を求めながらその務めを行い、今日までを過ごしてきました。譲位の日を迎えるまで、引き続きその在り方を求めながら、日々の務めを行っていきたいと思います」

「平成の時代に入り、戦後五〇年、六〇年、七〇年の節目の年を迎えました。先の大戦で多くの人命が失われ、また、我が国の戦後の平和と繁栄が、このような多くの犠牲と国民のたゆみない努力によって築かれたものであることを忘れず、戦後生まれの人々にもこのことを正しく伝えていくことが大切であると思ってきました。平成が戦争のない時代として終わろうとしていることに、心から安堵《あんど》しています」

　天皇は、即位以来、常に「日本国憲法の下で象徴と位置付けられた」ことを念頭に置いて、務めてこられたことがわかります。大きな災害があるたびに現地に飛び、被災者を慰めてきたことは、「象徴としての務め」だったのですね。

「国民と共にある」というのは、こういうことを指すのでしょう。

　そして平成の時代は世界ではさまざまな紛争や戦争がありましたが、日本国内では「戦争のない時代」でした。

　平和であるのが当たり前と思ってきた私たちにとって、「戦争のあった時代」である昭和を生き抜いてこられた天皇には格別の時代であったのでしょう。

　この平和はいかにもたらされてきたのか。東西冷戦の中、アメリカの「核の傘」によって守られてきたのか。米軍の駐留を認めた日米安全保障条約のおかげなのか。それとも「戦争放棄」を定めた憲法第九条があったからなのか。

これまた意見の分かれるところではありますが、平成が「戦争のない時代」でいられた理由を考えることは意味深いことでしょう。

高校生を相手にした授業では、憲法の存在が、実は私たちの暮らしにも大きな影響があることも取り上げました。普段考えたことのないテーマだけに、高校生諸君の驚きの様子は新鮮でした。

憲法は、「その国のかたち」を規定するものです。したがって、憲法を学ぶことは、自分たちが住む国のことを学ぶことでもあるのです。

憲法論議が一層高まるであろういま、改めて高校生諸君と共に、「憲法への道」を歩んでみましょう。

ジャーナリスト　池上　彰

主要参考文献

『あたらしい憲法のはなし・民主主義』「あたらしい憲法のはなし・民主主義」企画・編集委員会編／展望社／二〇〇四年

『いま知りたい日本国憲法』東京新聞政治部編／講談社／二〇〇五年

『憲法　第五版』芦部信喜・高橋和之補訂／岩波書店／二〇一一年

『憲法とはなにか』櫻井よしこ／小学館／二〇〇〇年

『高校生からわかる　日本国憲法の論点』伊藤真／トランスビュー／二〇〇五年

『集団的自衛権　論争のために』佐瀬昌盛／ＰＨＰ新書／二〇〇一年

『戦後政治史　第三版』石川真澄・山口二郎／岩波新書／二〇一〇年

『痛快！憲法学』小室直樹／集英社インターナショナル／二〇〇一年

『日本国憲法はこうして生まれた』西修／中公文庫／二〇〇〇年

『日本国憲法を生んだ密室の九日間』鈴木昭典／創元社／一九九五年

『日本史Ａ　改訂版』山川出版社／二〇一七年

『詳説日本史Ｂ　改訂版』山川出版社／二〇一七年

『ＬＧＢＴを読みとく　クィア・スタディーズ入門』森山至貴／ちくま新書／二〇一七年

資料〈日本国憲法全文〉

朕は、日本国民の総意に基いて、新日本建設の礎が、定まるに至つたことを、深くよろこび、枢密顧問の諮詢《しじゆん》及び帝国憲法第七十三条による帝国議会の議決を経た帝国憲法の改正を裁可し、ここにこれを公布せしめる。

御名《ぎよめい》御璽《ぎよじ》

昭和二一年一一月三日

日本国憲法

日本国民は、正当に選挙された国会における代表者を通じて行動し、われらとわれらの子孫のために、諸国民との協和による成果と、わが国全土にわたつて自由のもたらす恵沢を確保し、政府の行為によつて再び戦争の惨禍が起ることのないやうにすることを決意し、ここに主権が国民に存することを宣言し、この憲法を確定する。そもそも国政は、国民の厳粛な信託によるものであつて、その権威は国民に由来し、その権力は国民の代表者がこれを行使し、その福利は国民がこれを享受する。これは人類普遍の原理であり、この憲法は、かかる原理に基くものである。われらは、これに反する一切の憲法、法令及び詔勅を排除する。

日本国民は、恒久の平和を念願し、人間相互の関係を支配する崇高な理想を深く自覚するのであつて、平和を愛する諸国民の公正と信義に信頼して、われらの安全と生存を保持しようと決意した。われらは、平和を維持し、専制と隷従、圧迫と偏狭を地上から永遠に除去しようと努めてゐる国際社会において、名誉ある地位を占めたいと思ふ。われらは、全世界の国民が、ひとしく恐怖と欠乏から免かれ、平和のうちに生存する権利を有することを確認する。

われらは、いづれの国家も、自国のことのみに専念して他国を無視してはならないのであつて、政治道徳の法則は、普遍的なものであり、この法則に従ふことは、自国の主権を維持し、他国と対等関係に立たうとする各国の責務であると信ずる。

日本国民は、国家の名誉にかけ、全力をあげてこの崇高な理想と目的を達成することを誓ふ。

第一章　天皇

第一条　天皇は、日本国の象徴であり日本国民統合の象徴であつて、この地位は、主権の存する日本国民の総意に基く。

第二条　皇位は、世襲のものであつて、国会の議決した皇室典範の定めるところにより、これを継承する。

第三条　天皇の国事に関するすべての行為には、内閣の助言と承認を必要とし、内閣が、その責任を負ふ。

第四条　天皇は、この憲法の定める国事に関する行為のみを行ひ、国政に関する権能を有しない。

②　天皇は、法律の定めるところにより、その国事に関する行為を委任することができる。

第五条　皇室典範の定めるところにより摂政を置くときは、摂政は、天皇の名でその国事に関する行為を行ふ。この場合には、前条第一項の規定を準用する。

第六条　天皇は、国会の指名に基いて、内閣総理大臣を任命する。

②　天皇は、内閣の指名に基いて、最高裁判所の長たる裁判官を任命する。

第七条　天皇は、内閣の助言と承認により、国民のために、左の国事に関する行為を行ふ。

一　憲法改正、法律、政令及び条約を公布すること。

二　国会を召集すること。
三　衆議院を解散すること。
四　国会議員の総選挙の施行を公示すること。
五　国務大臣及び法律の定めるその他の官吏の任免並びに全権委任状及び大使及び公使の信任状を認証すること。
六　大赦、特赦、減刑、刑の執行の免除及び復権を認証すること。
七　栄典を授与すること。
八　批准書及び法律の定めるその他の外交文書を認証すること。
九　外国の大使及び公使を接受すること。
十　儀式を行ふこと。

第八条　皇室に財産を譲り渡し、又は皇室が、財産を譲り受け、若しくは賜与《しよ》することは、国会の議決に基かなければならない。

第二章　戦争の放棄

第九条　日本国民は、正義と秩序を基調とする国際平和を誠実に希求し、国権の発動たる戦争と、武力による威嚇又は武力の行使は、国際紛争を解決する手段としては、永久にこれを放棄する。

② 前項の目的を達するため、陸海空軍その他の戦力は、これを保持しない。国の交戦権は、これを認めない。

第三章　国民の権利及び義務

第一〇条　日本国民たる要件は、法律でこれを定める。

第一一条　国民は、すべての基本的人権の享有を妨げられない。この憲法が国民に保障する基本的人権は、侵すことのできない永久の権利として、現在及び将来の国民に与へられる。

第一二条　この憲法が国民に保障する自由及び権利は、国民の不断の努力によつて、これを保持しなければならない。又、国民は、これを濫用してはならないのであつて、常に公共の福祉のためにこれを利用する責任を負ふ。

第一三条　すべて国民は、個人として尊重される。生命、自由及び幸福追求に対する国民の権利については、公共の福祉に反しない限り、立法その他の国政の上で、最大の尊重を必要とする。

第一四条　すべて国民は、法の下に平等であつて、人種、信条、性別、社会的身分又は門地により、政治的、経済的又は社会的関係において、差別されない。

②　華族その他の貴族の制度は、これを認めない。

③　栄誉、勲章その他の栄典の授与は、いかなる特権も伴はない。栄典の授与は、現にこれを有し、又は将来これを受ける者の一代に限り、その効力を有する。

第一五条　公務員を選定し、及びこれを罷免することは、国民固有の権利である。

②　すべて公務員は、全体の奉仕者であつて、一部の奉仕者ではない。

③　公務員の選挙については、成年者による普通選挙を保障する。

④　すべて選挙における投票の秘密は、これを侵してはならない。選挙人は、その選択に関し公的にも私的にも責任を問はれない。

第一六条　何人も、損害の救済、公務員の罷免、法律、命令又は規則の制定、廃止又は改正その他の事項に関し、平穏に請願する権利を有し、何人も、かかる請願をしたためにいかなる差別待遇も受けない。

第一七条　何人も、公務員の不法行為により、損害を受けたときは、法律の定めるところにより、国又は公共団体に、その賠償を求めることができる。

第一八条　何人も、いかなる奴隷的拘束も受けない。又、犯罪に因る処罰の場合を除いては、その意に反する苦役に服させられない。

第一九条　思想及び良心の自由は、これを侵してはならない。

第二〇条　信教の自由は、何人に対してもこれを保障する。いかなる宗教団体も、国から特権を受け、又は政治上の権力を行使してはならない。

②　何人も、宗教上の行為、祝典、儀式又は行事に参加することを強制されない。

③　国及びその機関は、宗教教育その他いかなる宗教的活動もしてはならない。

第二一条　集会、結社及び言論、出版その他一切の表現の自由は、これを保障する。

②　検閲は、これをしてはならない。通信の秘密は、これを侵してはならない。

第二二条　何人も、公共の福祉に反しない限り、居住、移転及び職業選択の自由を有する。

③　何人も、外国に移住し、又は国籍を離脱する自由を侵されない。

第二三条　学問の自由は、これを保障する。

第二四条　婚姻は、両性の合意のみに基いて成立し、夫婦が同等の権利を有することを基本として、相互の協力により、維持されなければならない。

②　配偶者の選択、財産権、相続、住居の選定、離婚並びに婚姻及び家族に関するその他の事項に関しては、法律は、個人の尊厳と両性の本質的平等に立脚して、制定されなければならない。

第二五条　すべて国民は、健康で文化的な最低限度の生活を営む権利を有する。

②　国は、すべての生活部面について、社会福祉、社会保障及び公衆衛生の向上及び増進に努めなければならない。

第二六条　すべて国民は、法律の定めるところにより、その能力に応じて、ひとしく教育を受ける権利を有する。

②　すべて国民は、法律の定めるところにより、その保護する子女に普通教育を受けさせる義務を負ふ。義務教育は、これを無償とする。

第二七条　すべて国民は、勤労の権利を有し、義務を負ふ。

②　賃金、就業時間、休息その他の勤労条件に関する基準は、法律でこれを定める。

③　児童は、これを酷使してはならない。

第二八条　勤労者の団結する権利及び団体交渉その他の団体行動をする権利は、これを保障する。

第二九条　財産権は、これを侵してはならない。

② 財産権の内容は、公共の福祉に適合するやうに、法律でこれを定める。

③ 私有財産は、正当な補償の下に、これを公共のために用ひることができる。

第三〇条　国民は、法律の定めるところにより、納税の義務を負ふ。

第三一条　何人も、法律の定める手続によらなければ、その生命若しくは自由を奪はれ、又はその他の刑罰を科せられない。

第三二条　何人も、裁判所において裁判を受ける権利を奪はれない。

第三三条　何人も、現行犯として逮捕される場合を除いては、権限を有する司法官憲が発し、且つ理由となつてゐる犯罪を明示する令状によらなければ、逮捕されない。

第三四条　何人も、理由を直ちに告げられ、且つ、直ちに弁護人に依頼する権利を与へられなければ、抑留又は拘禁されない。又、何人も、正当な理由がなければ、拘禁されず、要求があれば、その理由は、直ちに本人及びその弁護人の出席する公開の法廷で示されなければならない。

第三五条　何人も、その住居、書類及び所持品について、侵入、捜索及び押収を受けることのない権利は、第三十三条の場合を除いては、正当な理由に基いて発せられ、且つ捜索する場所及び押収する物を明示する令状がなければ、侵されない。

② 捜索又は押収は、権限を有する司法官憲が発する各別の令状により、これを行ふ。

第三六条　公務員による拷問及び残虐な刑罰は、絶対にこれを禁ずる。

第三七条　すべて刑事事件においては、被告人は、公平な裁判所の迅速な公開裁判を受ける権利を有する。

②　刑事被告人は、すべての証人に対して審問する機会を充分に与へられ、又、公費で自己のために強制的手続により証人を求める権利を有する。

③　刑事被告人は、いかなる場合にも、資格を有する弁護人を依頼することができる。被告人が自らこれを依頼することができないときは、国でこれを附する。

第三八条　何人も、自己に不利益な供述を強要されない。

②　強制、拷問若しくは脅迫による自白又は不当に長く抑留若しくは拘禁された後の自白は、これを証拠とすることができない。

③　何人も、自己に不利益な唯一の証拠が本人の自白である場合には、有罪とされ、又は刑罰を科せられない。

第三九条　何人も、実行の時に適法であつた行為又は既に無罪とされた行為については、刑事上の責任を問はれない。又、同一の犯罪について、重ねて刑事上の責任を問はれない。

第四〇条　何人も、抑留又は拘禁された後、無罪の裁判を受けたときは、法律の定めるところにより、国にその補償を求めることができる。

第四章　国会

第四一条　国会は、国権の最高機関であつて、国の唯一の立法機関である。

第四二条　国会は、衆議院及び参議院の両議院でこれを構成する。

第四三条　両議院は、全国民を代表する選挙された議員でこれを組織する。

②　両議院の議員の定数は、法律でこれを定める。

第四四条　両議院の議員及びその選挙人の資格は、法律でこれを定める。但し、人種、信条、性別、社会的身分、門地、教育、財産又は収入によつて差別してはならない。

第四五条　衆議院議員の任期は、四年とする。但し、衆議院解散の場合には、その期間満了前に終了する。

第四六条　参議院議員の任期は、六年とし、三年ごとに議員の半数を改選する。

第四七条　選挙区、投票の方法その他両議院の議員の選挙に関する事項は、法律でこれを定める。

第四八条　何人も、同時に両議院の議員たることはできない。

第四九条　両議院の議員は、法律の定めるところにより、国庫から相当額の歳費を受ける。

第五〇条　両議院の議員は、法律の定める場合を除いては、国会の会期中逮捕されず、会期前に逮捕された議員は、その議院の要求があれば、会期中これを釈放しなければならない。

第五一条　両議院の議員は、議院で行つた演説、討論又は表決について、院外で責任を問はれない。

第五二条　国会の常会は、毎年一回これを召集する。

第五三条　内閣は、国会の臨時会の召集を決定することができる。いづれかの議院の総議員の四分の一以上の要求があれば、内閣は、その召集を決定しなければならない。

第五四条　衆議院が解散されたときは、解散の日から四十日以内に、衆議院議員の総選挙を行ひ、その選挙の日から三十日以内に、国会を召集しなければならない。

②　衆議院が解散されたときは、参議院は、同時に閉会となる。但し、内閣は、国に緊急の必要があるときは、参議院の緊急集会を求めることができる。

③　前項但書の緊急集会において採られた措置は、臨時のものであつて、次の国会開会の後十日以内に、衆議院の同意がない場合には、その効力を失ふ。

第五五条　両議院は、各々その議員の資格に関する争訟を裁判する。但し、議員の議席を失はせるには、出席議員の三分の二以上の多数による議決を必要とする。

第五六条　両議院は、各々その総議員の三分の一以上の出席がなければ、議事を開き議決することができない。

② 両議院の議事は、この憲法に特別の定のある場合を除いては、出席議員の過半数でこれを決し、可否同数のときは、議長の決するところによる。

第五七条 両議院の会議は、公開とする。但し、出席議員の三分の二以上の多数で議決したときは、秘密会を開くことができる。

② 両議院は、各々その会議の記録を保存し、秘密会の記録の中で特に秘密を要すると認められるもの以外は、これを公表し、且つ一般に頒布しなければならない。

③ 出席議員の五分の一以上の要求があれば、各議員の表決は、これを会議録に記載しなければならない。

第五八条 両議院は、各々その議長その他の役員を選任する。

② 両議院は、各々その会議その他の手続及び内部の規律に関する規則を定め、又、院内の秩序をみだした議員を懲罰することができる。但し、議員を除名するには、出席議員の三分の二以上の多数による議決を必要とする。

第五九条 法律案は、この憲法に特別の定のある場合を除いては、両議院で可決したとき法律となる。

② 衆議院で可決し、参議院でこれと異なつた議決をした法律案は、衆議院で出席議員の三分の二以上の多数で再び可決したときは、法律となる。

③　前項の規定は、法律の定めるところにより、衆議院が、両議院の協議会を開くことを求めることを妨げない。

④　参議院が、衆議院の可決した法律案を受け取つた後、国会休会中の期間を除いて六十日以内に、議決しないときは、衆議院は、参議院がその法律案を否決したものとみなすことができる。

第六〇条　予算は、さきに衆議院に提出しなければならない。

②　予算について、参議院で衆議院と異なつた議決をした場合に、法律の定めるところにより、両議院の協議会を開いても意見が一致しないとき、又は参議院が、衆議院の可決した予算を受け取つた後、国会休会中の期間を除いて三十日以内に、議決しないときは、衆議院の議決を国会の議決とする。

第六一条　条約の締結に必要な国会の承認については、前条第二項の規定を準用する。

第六二条　両議院は、各々国政に関する調査を行ひ、これに関して、証人の出頭及び証言並びに記録の提出を要求することができる。

第六三条　内閣総理大臣その他の国務大臣は、両議院の一に議席を有すると有しないとにかかはらず、何時《いつ》でも議案について発言するため議院に出席することができる。又、答弁又は説明のため出席を求められたときは、出席しなければならない。

第六四条　国会は、罷免の訴追を受けた裁判官を裁判するため、両議院の議員で組織する弾劾《だんがい》裁判所を設ける。

② 弾劾に関する事項は、法律でこれを定める。

第五章　内閣

第六五条　行政権は、内閣に属する。

第六六条　内閣は、法律の定めるところにより、その首長たる内閣総理大臣及びその他の国務大臣でこれを組織する。

② 内閣総理大臣その他の国務大臣は、文民でなければならない。

③ 内閣は、行政権の行使について、国会に対し連帯して責任を負ふ。

第六七条　内閣総理大臣は、国会議員の中から国会の議決で、これを指名する。この指名は、他のすべての案件に先だつて、これを行ふ。

② 衆議院と参議院とが異なつた指名の議決をした場合に、法律の定めるところにより、両議院の協議会を開いても意見が一致しないとき、又は衆議院が指名の議決をした後、国

会休会中の期間を除いて十日以内に、参議院が、指名の議決をしないときは、衆議院の議決を国会の議決とする。

第六八条　内閣総理大臣は、国務大臣を任命する。但し、その過半数は、国会議員の中から選ばれなければならない。

②　内閣総理大臣は、任意に国務大臣を罷免することができる。

第六九条　内閣は、衆議院で不信任の決議案を可決し、又は信任の決議案を否決したときは、十日以内に衆議院が解散されない限り、総辞職をしなければならない。

第七〇条　内閣総理大臣が欠けたとき、又は衆議院議員総選挙の後に初めて国会の召集があつたときは、内閣は、総辞職をしなければならない。

第七一条　前二条の場合には、内閣は、あらたに内閣総理大臣が任命されるまで引き続きその職務を行ふ。

第七二条　内閣総理大臣は、内閣を代表して議案を国会に提出し、一般国務及び外交関係について国会に報告し、並びに行政各部を指揮監督する。

第七三条　内閣は、他の一般行政事務の外、左の事務を行ふ。

一　法律を誠実に執行し、国務を総理すること。

二　外交関係を処理すること。

三　条約を締結すること。但し、事前に、時宜によつては事後に、国会の承認を経ることを必要とする。

四　法律の定める基準に従ひ、官吏に関する事務を掌理すること。

五　予算を作成して国会に提出すること。

六　この憲法及び法律の規定を実施するために、政令を制定すること。但し、政令には、特にその法律の委任がある場合を除いては、罰則を設けることができない。

七　大赦、特赦、減刑、刑の執行の免除及び復権を決定すること。

第七四条　法律及び政令には、すべて主任の国務大臣が署名し、内閣総理大臣が連署することを必要とする。

第七五条　国務大臣は、その在任中、内閣総理大臣の同意がなければ、訴追されない。但し、これがため、訴追の権利は、害されない。

第六章　司法

第七六条　すべて司法権は、最高裁判所及び法律の定めるところにより設置する下級裁判所に属する。

②　特別裁判所は、これを設置することができない。行政機関は、終審として裁判を行ふことができない。

③　すべて裁判官は、その良心に従ひ独立してその職権を行ひ、この憲法及び法律にのみ拘束される。

第七七条　最高裁判所は、訴訟に関する手続、弁護士、裁判所の内部規律及び司法事務処理に関する事項について、規則を定める権限を有する。

②　検察官は、最高裁判所の定める規則に従はなければならない。

③　最高裁判所は、下級裁判所に関する規則を定める権限を、下級裁判所に委任することができる。

第七八条　裁判官は、裁判により、心身の故障のために職務を執ることができないと決定された場合を除いては、公の弾劾によらなければ罷免されない。裁判官の懲戒処分は、行政機関がこれを行ふことはできない。

第七九条　最高裁判所は、その長たる裁判官及び法律の定める員数のその他の裁判官でこれを構成し、その長たる裁判官以外の裁判官は、内閣でこれを任命する。

②　最高裁判所の裁判官の任命は、その任命後初めて行はれる衆議院議員総選挙の際国民の

審査に付し、その後十年を経過した後初めて行はれる衆議院議員総選挙の際更に審査に付し、その後も同様とする。

③ 前項の場合において、投票者の多数が裁判官の罷免を可とするときは、その裁判官は、罷免される。

④ 審査に関する事項は、法律でこれを定める。

⑤ 最高裁判所の裁判官は、法律の定める年齢に達した時に退官する。

⑥ 最高裁判所の裁判官は、すべて定期に相当額の報酬を受ける。この報酬は、在任中、これを減額することができない。

第八〇条 下級裁判所の裁判官は、最高裁判所の指名した者の名簿によつて、内閣でこれを任命する。その裁判官は、任期を十年とし、再任されることができる。但し、法律の定める年齢に達した時には退官する。

② 下級裁判所の裁判官は、すべて定期に相当額の報酬を受ける。この報酬は、在任中、これを減額することができない。

第八一条 最高裁判所は、一切の法律、命令、規則又は処分が憲法に適合するかしないかを決定する権限を有する終審裁判所である。

第八二条 裁判の対審及び判決は、公開法廷でこれを行ふ。

② 裁判所が、裁判官の全員一致で、公の秩序又は善良の風俗を害する虞があると決した場合には、対審は、公開しないでこれを行ふことができる。但し、政治犯罪、出版に関する犯罪又はこの憲法第三章で保障する国民の権利が問題となつてゐる事件の対審は、常にこれを公開しなければならない。

第七章　財政

第八三条　国の財政を処理する権限は、国会の議決に基いて、これを行使しなければならない。

第八四条　あらたに租税を課し、又は現行の租税を変更するには、法律又は法律の定める条件によることを必要とする。

第八五条　国費を支出し、又は国が債務を負担するには、国会の議決に基くことを必要とする。

第八六条　内閣は、毎会計年度の予算を作成し、国会に提出して、その審議を受け議決を経なければならない。

第八七条　予見し難い予算の不足に充てるため、国会の議決に基いて予備費を設け、内閣の責任でこれを支出することができる。

② すべて予備費の支出については、内閣は、事後に国会の承諾を得なければならない。

第八八条 すべて皇室財産は、国に属する。すべて皇室の費用は、予算に計上して国会の議決を経なければならない。

第八九条 公金その他の公の財産は、宗教上の組織若しくは団体の使用、便益若しくは維持のため、又は公の支配に属しない慈善、教育若しくは博愛の事業に対し、これを支出し、又はその利用に供してはならない。

第九〇条 国の収入支出の決算は、すべて毎年会計検査院がこれを検査し、内閣は、次の年度に、その検査報告とともに、これを国会に提出しなければならない。

② 会計検査院の組織及び権限は、法律でこれを定める。

第九一条 内閣は、国会及び国民に対し、定期に、少くとも毎年一回、国の財政状況について報告しなければならない。

第八章 地方自治

第九二条 地方公共団体の組織及び運営に関する事項は、地方自治の本旨に基いて、法律でこれを定める。

第九三条　地方公共団体には、法律の定めるところにより、その議事機関として議会を設置する。

②　地方公共団体の長、その議会の議員及び法律の定めるその他の吏員は、その地方公共団体の住民が、直接これを選挙する。

第九四条　地方公共団体は、その財産を管理し、事務を処理し、及び行政を執行する権能を有し、法律の範囲内で条例を制定することができる。

第九五条　一の地方公共団体のみに適用される特別法は、法律の定めるところにより、その地方公共団体の住民の投票においてその過半数の同意を得なければ、国会は、これを制定することができない。

第九章　改正

第九六条　この憲法の改正は、各議院の総議員の三分の二以上の賛成で、国会が、これを発議し、国民に提案してその承認を経なければならない。この承認には、特別の国民投票又は国会の定める選挙の際行はれる投票において、その過半数の賛成を必要とする。

② 憲法改正について前項の承認を経たときは、天皇は、国民の名で、この憲法と一体を成すものとして、直ちにこれを公布する。

第一〇章　最高法規

第九七条　この憲法が日本国民に保障する基本的人権は、人類の多年にわたる自由獲得の努力の成果であつて、これらの権利は、過去幾多の試錬に堪へ、現在及び将来の国民に対し、侵すことのできない永久の権利として信託されたものである。

第九八条　この憲法は、国の最高法規であつて、その条規に反する法律、命令、詔勅及び国務に関するその他の行為の全部又は一部は、その効力を有しない。

② 日本国が締結した条約及び確立された国際法規は、これを誠実に遵守することを必要とする。

第九九条　天皇又は摂政及び国務大臣、国会議員、裁判官その他の公務員は、この憲法を尊重し擁護する義務を負ふ。

第一一章　補則

第一〇〇条　この憲法は、公布の日から起算して六箇月を経過した日から、これを施行する。

②　この憲法を施行するために必要な法律の制定、参議院議員の選挙及び国会召集の手続並びにこの憲法を施行するために必要な準備手続は、前項の期日よりも前に、これを行ふことができる。

第一〇一条　この憲法施行の際、参議院がまだ成立してゐないときは、その成立するまでの間、衆議院は、国会としての権限を行ふ。

第一〇二条　この憲法による第一期の参議院議員のうち、その半数の者の任期は、これを三年とする。その議員は、法律の定めるところにより、これを定める。

第一〇三条　この憲法施行の際現に在職する国務大臣、衆議院議員及び裁判官並びにその他の公務員で、その地位に相応する地位がこの憲法で認められてゐる者は、法律で特別の定をした場合を除いては、この憲法施行のため、当然にはその地位を失ふことはない。但し、この憲法によつて、後任者が選挙又は任命されたときは、当然その地位を失ふ。

本書作成にあたり、学校法人桐蔭学園高等学校及び桐蔭学園中等教育学校にご協力いただきました。

また、講義に参加くださった高等学校三年生、中等教育学校六年生、全四二名の方々にも深く感謝申し上げます。

本書は、二〇一九年二月、書き下ろし単行本としてホーム社より刊行されました。
本文デザイン／目崎羽衣（テラエンジン）

集英社文庫

君《きみ》たちの日本国憲法《にほんこくけんぽう》

2022年1月25日　第1刷　　定価はカバーに表示してあります。

著　者　池上《いけがみ》　彰《あきら》

発行者　徳永　真

発行所　株式会社　集英社

東京都千代田区一ツ橋2-5-10　〒101-8050

電話　【編集部】03-3230-6095

【読者係】03-3230-6080

【販売部】03-3230-6393(書店専用)

印　刷　凸版印刷株式会社

製　本　加藤製本株式会社

フォーマットデザイン　アリヤマデザインストア　　マークデザイン　居山浩二

ISBN978-4-08-744340-0 C0195